LA
CONTAGION
SACRÉE,

OU

HISTOIRE NATURELLE

DE LA

SUPERSTITION,

Ouvrage traduit de l'Anglois.

Primâ mali labes.

TOME PREMIER.

LONDRES

MDCCLXVIII.

AVERTISSEMENT.

Cet Ouvrage, l'un des plus profonds & des plus forts qui ayent été publiés fur la Religion, parut en Angleterre en 1709. fans nom d'Auteur, en un volume *in* 8°. On crut cependant y réconnoître la touche & les principes de Mr. JEAN TRENCHARD, homme très-diftingué dans le parti des Whigs, par fes lumieres, par fa probité, & fur-tout par fon zêle pour la Liberté. Il publia plufieurs Ecrits conjointement avec le célebre THOMAS GORDON, parmi les quels les plus connus font les *Lettres de Caton* en 4 volumes, & l'*Indépendent Whig* en deux volumes *in* 12°. L'on y trouve, au moins une partie des idées contenues dans le préfent ouvrage, où l'Auteur s'eft montré

* 2

AVERTISSEMENT.

plus à découvert. Au reste tous ses écrits respirent également l'amour du bien public & la haine la plus forte contre la Tyrannie Religieuse & Politique. Ce Citoyen Philosophe, moins estimable par sa naissance & ses richesses que par ses talens & ses vertus, fut membre du Parlement pour la Ville de Taunton, & en cette qualité servit utilement son Pays. Il mourut en 1723, âgé de 55 ans. *V. le Supplément du Dictionnaire de Bayle, Article* TRENCHARD.

A Mylord Vicomte de ✱✱✱

MYLORD,

IL y a quelques mois qu'ayant l'honneur d'être avec vous à W. ✱✱✱. vous me demandâtes quelle pouvoit être la caufe de l'antipathie que tant de perfonnes éclairées de notre pays montrent aujourd'hui pour la Religion. Vous étiez, difiez-vous, furpris de leur voir tant d'acharnement à détruire un fyftéme, qui, peu fait pour en impofer aux gens d'efprit, avoit au moins l'avantage d'être propre à contenir la multitude, & de régler les paffions du peuple groffier. Je me contentai pour lors de vous répondre en général que, pour peu qu'on y fît attention, il étoit aifé de fe convaincre que la Religion devoit être regardée comme la vraie *boëte de Pandore,* d'où font fortis tous les maux dont l'efpece humaine eft affligée, & que, bien loin de fervir à contenir le peuple, elle n'étoit par fa nature propre qu'à l'enivrer d'un fanatifme bien plus dangereux que tous les vices auxquels il pouvoit d'ailleurs fe livrer. Vous parutes furpris de ma propofition;

✱ 3

en conféquence je m'engageai à vous la dé-
montrer. C'eft, Mylord, pour remplir
mes engagemens, que je vous envoye le
traité ci-joint, dans lequel, après avoir re-
monté à la fource de la Superftition, j'ai
tracé le tableau de fes funeftes effets fur
l'efprit & fur le cœur des hommes, & fes
fâcheufes influences fur la Société. J'ef-
pere que cette légere efquiffe, que j'ai
faite avec franchife, fuffira pour juftifier
à vos yeux le zèle de ceux qui fe déclarent
hautement contre des chimeres évidemment nuifibles à tout le genre humain.
J'aurois, fans doute, pu donner beaucoup
plus d'étendue à cet ouvrage en rapportant
un grand nombre de faits tendans à prouver
mes opinions ; mais une perfonne auffi ver-
fée que vous dans l'hiftoire n'a pas befoin
que l'on entre dans des détails faftidieux ;
j'ofe donc me flatter que ce que j'ai dit fuffira pour vous détromper des préjugés favorables à l'erreur, dont jamais il ne peut
réfulter d'avantages folides & durables pour
les nations. Vous reconnoîtrez donc,
Mylord, que c'eft la Religion, devenue
en tout pays l'objet le plus important, qui
eft la vraie caufe de l'ignorance, de l'efclavage, des extravagances & de la corruption des hommes. Si notre Ifle fortunée
jouit de la liberté & de quelques avantages

dont d'autres contrées font privées, elle
les doit aux efforts de nos ancêtres, qui
ont, au moins en partie, diminué le pouvoir & l'influence de la superstition sur
nous. Cependant contens de remédier à
fes excès les plus crians, ils n'ont point
porté la coignée jusqu'à la racine de cet
arbre fatal, qui toujours repouffera des re-
jettons & des fruits dangereux. Quoique
la *Réformation* nous ait délivrés du joug
odieux du Papisme, quoique par la *Révo-*
lution les fauteurs de la Tyrannie Romaine femblent avoir été bannis à jamais de
notre pays ; des exemples récens vous
prouvent, Mylord, que la Grande-Bre-
tagne n'a point encore affez fait pour fon
bonheur: le levain fuperftitieux fubfifte
toujours parmi nous ; fes effets feront en
tout tems les mêmes ; il portera dans les
efprits une fermentation fâcheufe dont il
eft impoffible de prévoir les terribles conféquences. La fuperftition eft un feu caché
fous la cendre, dont le Clergé fe fervira,
quand il voudra, pour embrafer le peuple
crédule, toujours prêt à fe laiffer guider
en aveugle par ceux qui feront retentir le
nom de la Divinité dans fes oreilles. Tant
que des Prêtres feront en dtoit de dire
qu'il vaut mieux obéir à Dieu qu'aux hommes,

* 4

que la Religion eſt plus importante que la
vie, que la nature doit céder aux oracles
prétendus du Ciel, que la raiſon ne doit
point être écoutée quand il s'agit des intérêts du Très-Haut, ces Prêtres feront à
portée de troubler l'Etat, & ſe ſerviront
du peuple comme de l'inſtrument le plus
propre à faire valoir leurs fourberies, leurs
prétentions ambitieuſes, leur avarice, leurs
paſſions ſéditieuſes.

De tous les artifices que les fauteurs de
la ſuperſtition moderne ont employés pour
ſe rendre chers aux hommes, il n'en eſt
point qui leur ait mieux réuſſi que de l'al-
lier, &, pour ainſi dire, de l'incorporer
avec la morale; par là ils ont trouvé des
adhérens & des défenſeurs dans ceux-mêmes qui d'ailleurs ſentoient tout le ridicule
de leurs ſyſtêmes chimériques. Bien des
gens, Mylord, reconnoiſſent l'abſurdité
de la Religion, mais il en eſt très-peu qui
en ſentent les dangers, & qui l'ayent ſuffi-
ſamment examinée pour ſçavoir à quel
point ſes principes mêmes ſont deſtructeurs
de toute morale & pernicieux à toute ſociété. Cependant pour peu que l'on veuil-
le réfléchir à ces principes, on trouvera
que, fondés ſur des impoſtures & ſur des
rêveries, ils ne peuvent qu'égarer l'imagination, allumer la déraiſon & faire agir les

peuples en infenfés: on verra que, bien loin de refferrer les liens de la fociété, ils ne font propres qu'à les diffoudre: on res= tera perfuadé que pour quelques avantages incertains, particuliers & momentanés que la Religion procure, elle produit des cala- mités durables & des maux infinis. En un mot tout prouvera qu'il ne peut jamais ré- fulter aucun bien réel du menfonge, & que c'eft avec grande raifon que notre illuftre Chancelier Bacon a dit que *de toutes les erreurs la plus dangereufe, c'eft l'erreur di- vinifée.*

Non, Mylord, des Dieux defpotiques aviliront toujours les ames, les difpoferont à la fervitude, favoriferont la tyrannie; les Prêtres de ces Dieux acquerront le droit d'abrutir les peuples & feront par leur es- fence les ennemis nés de toute liberté. La violence fera toujours néceffaire à l'impos- ture; pour régner elle a befoin de l'aveu- glement, de l'ignorance, de la foumiffion, & de l'efclavage; des ames nobles & gé- néreufes font peu propres à plier fous le joug facerdotal. Dès que l'homme ofe penfer, l'empire du Prêtre eft détruit.

Ces réflexions vous convaincront, My- lord, de l'importance de ruiner de plus en plus les principes mêmes de toute fuperftition. Il ne faut point temporiſer avec le menſonge ; ceux qui trompent les hommes ſont toujours leurs plus cruels ennemis ; pour ſervir le genre humain, il faut les attaquer avec vigueur & les peindre ſous les couleurs qui leur conviennent. Je m'eſtimerai fort heureux ſi, convaincu de cette vérité, vous approuvez mon zêle, & ſi vous reconnoiſſez qu'il faut enfin chercher à la morale, à la politique, à la félicité des nations & des individus, des fondemens plus ſolides & plus vrais que ceux que leur ont fourni juſqu'à préſent des menſonges révérés, dont depuis tant de ſiecles les mortels n'ont retiré que des malheurs ſans nombre.

J'ai l'honneur d'être avec reſpect,

Mylord,

V. T. H. & très-dévoué
Serviteur * *

à Londres le 10. Janvier 1709.

HISTOIRE

TABLE

DES

CHAPITRES

Contenus dans cet Ouvrage.

TOME PREMIER.

TABLE DES CHAPITRES.

AVER.

HISTOIRE
NATURELLE
DE LA
SUPERSTITION,

O U

Tableau des effets que les opinions Reli-
gieuſes ont produits ſur la terre.

CHAPITRE I.

Origine de la Superſtition ; la terreur en
fut toujours la baſe.

Primus in orbe Deos fecit timor.

L'HOMME n'eſt ſuperſtitieux que parce qu'il eſt craintif; il ne craint que parce qu'il eſt ignorant.

Faute de connoître les forces de la nature il la ſuppoſe ſoumiſe à des Puiſſances
inviſibles, dont il croit dépendre, & qu'il
s'imagine ou irritées contre lui ou favora-

A

bles à fon efpece. En conféquence il fe
figure des rapports entre ces Puiffances &
lui; il fe croit tantôt l'objet de leur colere & tantôt l'objet de leur tendreffe ou
de leur pitié; fon imagination travaille
pour découvrir les moyens de les rendre
propices ou de détourner leur fureur;
mais comme elle ne peut jamais lui montrer
dans ces Dieux que des hommes exagérés,
les rapports qu'il fuppofe entre ces êtres
invifibles & lui-même font toujours humains, & la conduite qu'il tient à leur
égard eft toujours empruntée de celle
que tiennent les hommes, lorsqu'ils ont
à traiter avec quelqu'être de leur efpece dont ils craignent la puiffance ou dont
ils veulent mériter la faveur. Ces rapports & ces moyens une fois trouvés,
l'homme fe comporte envers fon Dieu
comme l'inférieur envers le fupérieur,
comme le fujet envers fon fouverain,
comme le fils envers fon pere, comme
l'efclave envers fon maître, comme le
foible envers celui dont il craint le caprice ou le pouvoir. D'après ces notions il
fe fait des regles, il fe trace un plan de
conduite, accommodé aux idées agréables
ou terribles que fon imagination, guidée
par fon tempérament & fes circonftances
propres, lui donne de l'être invifible du-

quel il croit dépendre. Ainsi son culte, c'est-à-dire le système de sa conduite relativement à Dieu, est nécessairement conforme aux notions qu'il s'en est faites, de même que ce Dieu lui-même a été formé sur sa façon propre de sentir. Lorsque l'homme a souffert de grands maux, il se peint un Dieu terrible devant lequel il tremble, & son culte devient servile & peu sensé : lorsqu'il croit en avoir reçu des bienfaits, ou lorsqu'il s'imagine être en droit d'en attendre, il voit son Dieu sous des traits plus radoucis, & son culte devient moins abject & moins déraisonnable. En un mot s'il craint son Dieu, il est capable de toutes sortes d'extravagances pour l'appaiser, parce qu'il le suppose vicieux, méchant, mal intentionné; il a plus de confiance en lui & lui rend des hommages moins abjects d'après les vertus & les bonnes qualités qu'il lui attribue ou qu'il desire trouver en lui, & d'après les faveurs qu'il croit en avoir reçus ou qu'il en attend pour la suite.

Tous les Cultes ou Systêmes Religieux de la terre sont fondés sur un Dieu qui s'irrite & qui s'appaise. Les hommes sont exposés à éprouver des calamités, & dans d'autres circonstances ils se trouvent dans

une fituation plus heureufe qu'ils attribuent
également à cet Etre; ainfi fon idée frap-
pe diverfement leurs imaginations; tantôt
elle les effraye, les afflige & les jette dans
le défespoir; tantôt elle excite en eux l'admiration, la confiance & la reconnoiffance;
en conféquence les cultes qu'ils rendirent
à cet Etre fe reffentirent des différentes
paffions ou manieres dont ils furent affec-
tés : Dieu, d'après les effets de la nature,
parut tantôt terrible & tantôt aimable;
tantôt il fut l'objet des craintes & tantôt
celui des espérances & de l'amour ; tantôt
il fut un tyran redoutable pour fes efclaves, & tantôt il fut un pere tendre qui
chériffoit fes enfans. Comme la nature
n'agit point d'une façon uniforme dans
les effets que nous éprouvons de fa part,
nul Dieu ne put avoir une conduite uniforme ou qui ne fe démentît jamais ; le
Dieu le plus méchant, le plus fuscepti-
ble de colere, eut quelques bons momens ; le Dieu le plus rempli de bonté
eut néceffairement des momens d'humeur
dont les hommes fe crurent les objets.

C'eft dans cette conduite changeante &
peu foutenue de la Divinité, ou plutôt
dans les variations de la nature, que nous
devons chercher les caufes des moyens
fi oppofés, & fouvent fi bizarres & fi

contradictoires, que nous voyons employés dans les cultes divers, & souvent dans la même Religion ; nous trouvons les mortels tantôt occupés à rendre des actions de graces, se livrant à la joie, témoignant leur gaieté par des fêtes riantes ; tantôt, & plus souvent encore, nous les voyons plongés dans la tristesse, n'osant lever leurs yeux vers le ciel, occupés d'expiations, de sacrifices, de cérémonies qui annoncent la consternation la plus profonde & des efforts pour appaiser le courroux de la Divinité. C'est ainsi que toutes les Religions du monde ne sont qu'un mélange périodique & continuel de pratiques qui nous décelent les idées vacillantes que les hommes se font faites des objets de leur culte.

C'est encore à la même cause que l'on doit assigner la diversité des opinions que les différens individus des mêmes sociétés, quoique sectateurs du même culte, se font & se feront toujours sur le Dieu qu'ils s'accordent à servir : les uns ne voyent que le Dieu terrible, les autres ne voyent que le Dieu bienfaisant ; les uns tremblent devant lui, les autres s'efforcent de l'aimer ; les uns se défient de lui, les autres ont en lui la confiance la

plus entiere. En un mot chacun dans ses
idées suit son propre tempérament, ses
préjugés , ses passions, ses circonstances,
& tire des inductions avantageuses ou
nuisibles pour lui-même ou pour les autres
du système qu'il s'est fait sur son Dieu.
L'un transi de frayeur gémit aux pieds de
ses autels pour implorer sa pitié , l'autre
lui montre une tendresse affectueuse & le
remercie de ses bontés ; l'un se persuade que
ce Dieu se plaît à tourmenter les humains
& à les voir dans les larmes ; en consé-
quence il s'afflige, il s'inquiette, il renon-
ce aux plaisirs ; l'autre, moins pusillani-
me , se persuade qu'un Dieu bon ne peut
désapprouver qu'on use de ses bienfaits :
l'un croit son Dieu colere & toujours prêt
à frapper, l'autre le voit plus indulgent &
prêt à pardonner ; l'un plongé dans la mélancolie, le chagrin & les infirmités, s'occupe sans relâche de son Dieu désolant; l'autre, plus gai, plus dissipé, plus distrait par
des affaires, n'y songe que rarement & cesse
bientôt d'y penser: que dis-je! dans le
courant de sa vie, & même dans le courant de sa journée, le même homme n'a
point constamment la même idée de son
Dieu; sa notion varie dans la santé, &
dans la maladie, dans la prospérité & dans
l'adversité, dans la sécurité & dans le pé-

ril, dans l'enfance, dans la jeuneſſe ou
dans l'âge des paſſions, dans l'âge mûr,
dans la vieilleſſe. Cette notion varie encore ſelon les états; les perſonnes les plus
expoſées aux entrepriſes périlleuſes ſont
communément les plus ſujettes à la ſuperſtition. Le mal fait toujours ſur l'homme des impreſſions bien plus fortes que le
bien; ainſi le Dieu méchant l'occupe bien
plus que le Dieu bon. Voilà pourquoi
l'on voit dominer une teinte lugubre &
noire dans toutes les Religions du monde.
En effet nous voyons par-tout la Religion diſpoſer les mortels à la mélancolie,
les rendre ſérieux, les porter à fuir la joie
& les plaiſirs, & ſouvent leur faire em-
braſſer le genre de vie le plus déſagréable
& le plus oppoſé à leur nature. Dans
tous les climats de la terre nous apperce-
vrons des preuves de cette vérité; nous
trouverons que le nom de Dieu rappelle
par-tout à la triſteſſe ceux qui s'en occupent ſérieuſement, renouvelle ſans ceſſe
en eux le ſentiment de la frayeur, &
nourrit dans leurs ames des diſpoſitions
ſombres & chagrinantes.

Cela ne doit point nous ſurprendre;
ce ſont des calamités qui ont par-tout
fait ſonger aux Divinités & imaginer des

A 4

moyens de les appaiſer. L'homme eſt
ſuperſtitieux parcequ'il eſt ignorant & timide : il n'eſt point de mortel qui n'éprou-
ve des peines : il n'eſt point de nation qui
n'ait eſſuyé des revers, des déſaſtres, des
infortunes ; on les prit toujours pour des mar-
ques de la colere du Ciel faute d'en connoître les cauſes naturelles. (a) Accoutumés
à regarder les Dieux comme les auteurs de
toutes choſes, ce fut à eux que les peuples
s'adreſſerent pour faire ceſſer les maux qui
les affligeoient.   Ils ſe ſoumirent indiſtin-
tement & ſans examen à tous les moyens
qu'on leur préſenta ſoit pour les rendre favorables ſoit pour écarter leur courroux :
l'homme ſtupide & troublé eſt dans une
incapacité totale de rien examiner.   Ne
ſoyons donc point étonnés ſi nous voyons
par - tout la race humaine trembler ſous des
Dieux cruels, friſſonner à leur idée, &
pour les déſarmer ſe ſoumettre à mille inventions dont le bon ſens eſt indigné.

En effet ſur quelque portion de notre
globe que nous portions les yeux, nous
voyons les peuples infeſtés de ſuperſti-

(a) Nous voyons que chez les Grecs tous les Philoſo-
phes qui ont eſſayé d'expliquer les phénomenes de la nature, comme les tonnerres, les tempêtes, les calamités
&c. par des cauſes phyſiques, ont été traités d'impies,
& haïs par le peuple, qui croyoit que ces choſes ſont des
ſignes de la colere des Dieux.

tions, conféquences de leurs craintes &
de l'ignorance où ils font des vraies caufes de leurs maux. Leur imagination troublée leur fit adopter fans réflexion les cultes qu'on leur annonça comme lès moyens
les plus fûrs d'appaifer les Dieux, auxquels la fourberie imputa toujours les malheurs du genre humain. Tout homme
qui fouffre, qui tremble & qui ignore, eft
difpofé à la crédulité ; privé de reffources
en lui-même il donne fa confiance à quiconque lui paroît plus inftruit & moins
effrayé que lui ; il le regarde comme un
être privilégié, favorifé du ciel, capable
de le confoler & de remédier à fes peines. (b).

Au milieu des nations confternées, fouf-
frantes & dénuées d'expérience il fe trouva des ambitieux, des enthoufiaftes ou des
fourbes, qui profitant de l'ignorance allar-

(b) Il eft aifé de voir que le peuple Hébreu, fi méprifé & fi maltraité par les Egyptiens, dut être fort difpofé à
écouter Moyfe qui lui promit de le délivrer, & qui dans
cet efpoir lui fit exécuter & croire tout ce qu'il voulut. Il
paroît que les Ifraëlites étoient ou des Lépreux, des Elé-
phantiaques, des Forçats, ou des hommes vils, femblables
à ceux qui compofent encore aujourd'hui la derniere Tri-
bu ou Cafte chez les Indiens, & qui font en horreur
aux autres. La Religion Chrétienne fut pareillement em-
braffée dans fon origine par la plus vile populace, qui
crut que Jéfus alloit la délivrer & la mettre en honneur.

A 5

mée de leurs concitoyens, firent tourner
à leur profit leurs calamités, leurs craintes & leur ftupidité, s'attirerent leur confiance, parvinrent à les fubjuguer, &
leur firent adopter leurs Dieux, leurs
opinions & leurs cultes. Un mortel plus
intrépide, plus éclairé, plus rufé, ou
d'une imagination plus vive, prend un
afcendant néceffaire fur celui qui eft plus
foible, plus timide & plus fimple que lui;
l'efpoir de trouver des reffources & d'a-
doucir la rigueur de fon fort attache le
malheureux à fon guide, il s'adreffe à lui
comme l'on a recours au premier Charlatan
dans les maladies défefpérées. Celui qui
fouffre ou qui tremble croit tout, confent
à tout, pourvu qu'on lui promette de fou-
lager fes peines, qu'on fixe fes incertitudes, & qu'on lui fourniffe des moyens de
fe fouftraire aux malheurs qui l'affligent ou
qu'il craint. Voilà pourquoi tout homme
qui pâtit ou qui eft dans l'inquiétude, eft
toujours difpofé à fe livrer à la fuperftition; c'eft fur-tout au fein des calamités
publiques que les peuples écoutent la voix
des impofteurs qui leur promettent des remedes; c'eft lorfque les nations font confternées que les Infpirés, les Prophêtes &
les Miniftres des Dieux deviennent tout

puiſſans; ils triomphent toutes les fois que les hommes ſont infirmes, affligés, mécontens & chagrins. Les maladies & les revers livrent chaque mortel à ceux qui lui parlent au nom de la Divinité; c'eſt près du lit d'un moribond que la Religion eſt ſure de remporter des victoires complettes ſur la raiſon humaine.

Rien n'eſt donc plus naturel que de voir l'impoſture triompher de la crédulité; l'expérience, l'adreſſe & le génie donnent à quelques hommes un pouvoir ſans bornes ſur des nations ignorantes, conſternéés & plongées dans la miſere. Le Vulgaire ſemblable à un troupeau timide, ſe raſſembla près d'eux, reçut leurs conſeils & leurs leçons avec avidité, ſouſcrivit ſans examen à ce qu'ils voulurent lui commander, ajouta foi aux merveilles qu'ils débiterent, en un mot reconnut en tout leur ſupériorité: ceux-ci d'ailleurs s'attirerent communément la confiance des peuples ſoit par des promeſſes flatteuſes, ſoit par des bienfaits réels; ils étonnerent leurs eſprits par des œuvres qu'ils ne purent comprendre, & ſouvent les enchaînerent par la reconnoiſſance. Tous ceux qui donnerent des Dieux, des loix & des cultes aux hommes, s'annoncerent communément par des découvertes utiles & merveilleuſes pour des

ignorans ; ils s'infinuerent dans leur confiance avant de leur commander ; ils leur
firent efpérer la ceffation de leurs maux ;
mais pour conferver leur empire, ils jugè-
rent qu'il étoit important de ne jamais ban-
nir leurs inquiétudes ; ils les tinrent toujours flottans & fufpendus entre l'efpéran-
ce & la crainte ; ils prirent bien garde de
ne point trop les raffurer ; au contraire ils
eurent foin de renouveller fréquemment
leurs allarmes, afin d'en demeurer les maîtres ; par là les Légiflateurs affûrerent leur
pouvoir, ils le rendirent plus facré en
montrant à leurs difciples un Dieu terrible
toujours prêt à punir ceux qui refuferoient
de plier fous leurs propres volontés : la
caufe du Légiflateur fut toujours celle
du Dieu dont il fut l'interprête & l'Envoyé.

Ainfi des impofteurs, identifiés avec la
Divinité, exercerent le pouvoir le plus
abfolu ; ils devinrent des defpotes & ré-
gnerent par la terreur ; les Dieux fervirent
à juftifier les excès & les crimes de leur
tyrannie ; l'on fit des tyrans de ces Dieux
mêmes ; l'on ordonna le crime & la dérai-
fon en leur nom, & les menaces du ciel
vinrent à l'appui des paffions de ceux qui
annoncerent fes décrets aux mortels ; on
fit entendre à ceux-ci que la nature en-

tiere, armée par des Dieux jaloux, étoit conjurée contre eux ; que ces Dieux puiſſans, ſemblables aux Rois de la terre, veilloient ſans ceſſe ſur la conduite de leurs ſujets, & ſe tenoient toujours prêts à punir avec fureur les moindres déſobéiſſances ou les murmures contre les décrets annoncés de leur part. On prétendit que ces Dieux traveſtis en Rois ou en Tyrans étoient comme eux avides, bizarres, intéreſſés, envieux des biens de leurs ſujets & de leur félicité : on ſuppoſa qu'ils exigeoient des tributs, des préſens, des ſubſides, demandoient qu'on leur rendît des honneurs, qu'on leur adreſſât des vœux, & ne ſouffroient point que l'on négligeât le cérémonial & l'étiquette dont leur orgueil étoit flatté. Les interpretes de ces Rois inviſibles furent ſeuls au fait de ces choſes dont ils eurent ſoin de faire de très - profonds myſteres ; par-là ils devinrent les arbitres de la conduite qu'on devoit tenir à leur égard ; eux ſeuls ſavoient les intentions de la Divinité, la voyoient face à face, jouiſſoient de ſa converſation familiere, recevoient directement d'elle - même ſes ordres & la méthode qu'il falloit ſuivre pour mériter ſes graces ou pour appaiſer ſon courroux.

Prévenus que Dieu eſt un Monarque

puiſſant, intéreſſé, jaloux de ſon pouvoir
& prompt à s'irriter, les hommes ſe com-
porterent toujours à ſon égard comme envers les ſouverains de la terre ; cet Etre fut
toujours traité en homme ; mais cet homme fut un homme privilégié : ſa puiſſance
le mit au deſſus des regles ordinaires, il ne
connut de loi que ſon caprice, il fut un
vrai Sultan d'Aſie, & ſes Miniſtres des
Viſirs, auſſi deſpotiques que lui. En effet
nous voyons que toutes les Religions du
monde n'ont peuplé l'Olympe que de
Dieux pervers, qui remplirent la terre de
leurs déréglemens, qui ſe firent un jeu de
la deſtruction des humains, qui gouvernerent l'univers d'après leurs fantaiſies inſenſées. Accoutumées à croire que la licence doit être le partage du pouvoir, les
nations crurent qu'à plus forte raiſon tout
étoit légitime dans les Souverains céleſtes
qu'elles adoroient. Elles ne virent donc
dans leurs Dieux que des Maîtres licen-
cieux à qui tout fut permis, qui ſe jouoient
impunément du bonheur de leurs ſujets,
& dont ceux-ci ne pouvoient ſans crime
ou ſans danger critiquer la conduite. Ces
funeſtes idées empruntées de l'affreux deſpotiſme, rendirent tous les cultes ſervi-
les, abjects, déraiſonnables, & firent des
Dieux les Etres les plus contraires à la

morale, les plus déraifonnables, les plus deftructeurs de toute vertu.

La Divinité ainfi changée en un Souverain injufte & capricieux reçut les hommages des peuples, qui chercherent à la flatter par des baffeffes, à la gagner par des préfens, à la corrompre par des offrandes, à la fléchir par des prieres. Comme les Rois, ainfi que les autres hommes, n'agiffent que par intérêt, comme le defir de s'approprier les biens & les fruits du travail des autres eft communément le grand mobile de ceux qui gouvernent, on penfa que le Roi du monde devoit exiger des tributs, envioit les poffeffions de fes foibles créatures, étoit jaloux de leurs profpérités, regrettoit même les avantages qu'il leur avoit procurés, en un mot avoit le caractere d'un Monarque fantasque qui retiroit d'une main ce qu'il donnoit de l'autre. Toutes les Religions, en conféquence de ces notions bizarres, ont repréfenté leurs Dieux divers comme avides, intéreffés, gourmands, fenfibles aux mêts choifis & à la fumée des viandes (c).

_____

(c) On reproche aux Dieux du Paganifme leur gourmandife & leur avidité, cependant le Dieu des Juifs eft bien plus occupé que tous les autres des repas qu'on doit lui faire; il infifte très-longuement & avec prolixité fur les facrifices qui lui font les plus agréables, & fur la ma-

Ainfi pour contenter les goûts de la Divinité, pour calmer fon envie, pour alimen-
ter fa pareffe, pour affouvir fon avarice,
pour appaifer fa faim, chacun lui fit le
facrifice dune portion de fes biens ou de fa
félicité, & la régala des mêts & des par-
fums qu'il jugea les plus propres à flatter
fon palais ou fon odorat.

Les traits effrayans fous lesquels les
fondateurs des différentes Religions du
monde peignirent leurs Divinités, durent
néceffairement rendre les hommes fangui-
naires ; des Dieux méchans & cruels ne
durent point avoir des fujets humains &
pacifiques. Les nations accoutumées à ne
voir dans leurs Dieux que des monftres altérés de fang, ne tardcrent point à croire
que c'étoit par le fang qu'il falloit les appaifer ; elles penferent que c'étoit les fervir fuivant leur goût que de leur immoler
des hommes, d'exterminer des peuples
pour leur plaire, de tourmenter, de per-
fécuter, de détruire en leur nom. Ainfi
le fang humain coula fur tous les autels ;
les facrifices les plus barbares, les plus ré-
vol-

niere d'apprêter les mêts qu'il veut que fon peuple lui
ferve. Enfin il recommande aux Ifraëlites *de ne jamais
fe préfenter devant lui les mains vuides.* V. *Exode chap.
XXIII.* vs. 15. ufage qui s'obferva de tout tems à la cour
des Defpotes de l'Orient.

voltans, les plus douloureux furent censés les plus agréables pour des Dieux antropophages ; des peuples se firent un devoir de rassasier la Divinité par des milliers de victimes humaines ; d'autres l'appaiserent par le sang de leurs Rois mêmes ; des meres, enfin, des meres ! arrachant des enfans de leur sein, les donnerent en repas à leur Dieu. A force de méditer un Dieu terrible & de raffiner sur les notions de sa cruauté, des nations éclairées sont parvenues jusqu'à cet excès de folie, de croire que le Dieu de l'univers avoit exigé la mort de son propre fils & que ce ne fut qu'à cette condition qu'il consentit à pardonner au genre humain ; il ne fallut pas moins que la mort d'un Dieu pour appaiser sa colere ! ce fut-là sans contredit le dernier pas de l'extravagance théologique ; il est difficile d'imaginer qu'elle puisse aller au delà.

Telles furent les suites des idées fâcheuses que les nations se formerent de leurs Divinités. Leurs Législateurs les ayant représentées sous les traits de la folie & de la méchanceté, les hommes se conduisirent à leur égard comme des esclaves égarés, qui pour complaire à leurs maîtres tâchent de déviner & de servir

B

leurs fantaisies, adoptent aveuglément
leurs pallions, & fe font un mérite de fe
rendre les complices de leurs déréglemens.   Voilà comme en partant du principe que Dieu étoit fouvent irrité contre
le genre humain & la caufe de fes maux,
les nations fe foumirent à des pratiques
auffi abominables que bizarres, & peu-à-
peu fe perfuaderent que des cérémonies
infenfées pouvoient être méritoires, que
la barbarie religieufe & la folie facrée tenoient lieu de raifon, de bon fens, de
vertus.   En conféquence les caprices & les
pallions des Dieux furent fecondés par le
délire, leur culte devint fouvent d'une a-
trocité capable de révolter les cœurs les
plus endurcis.   L'afpect de la terreur fut
celui fous lequel les mortels, plus fenfibles à
leurs maux qu'aux biens qu'ils éprouvoient,
envifagerent communément leur Monarque célefte; ce fut auffi, comme on a vu,
fous cette face que les Légiflateurs eurent
foin de le préfenter, ils fentirent qu'un
Dieu terrible étoit bien plus convenable à
leurs intérêts, bien plus propre à rendre
les peuples fouples, qu'un Dieu bon & facile dont on fe feroit trop aifément permis
de violer les décrets; fi l'on attribua de
la bonté à ce Dieu, elle fut prudemment
contrebalancée par une févérité toujours

inquiétante & capable de fixer l'attention.
C'est ainsi que les Dieux, après avoir été
enfantés par la crainte, furent encore rendus plus effrayans par la fourberie des Législateurs, qui se sentirent intéressés à
nourrir & à perpétuer la terreur dans les
cœurs des hommes ; le fruit de cette af-
freuse politique ne fut point de les rendre
meilleurs, de les attacher à la vertu, de
leur faire observer les loix de la nature ;
ce fut de les rendre plus soumis à leurs
guides qu'à la raison, de les avilir à leurs
propres yeux, d'étouffer en eux toute
énergie, tout courage, tout sentiment de
leur dignité. C'est en écrasant les hommes à force de terreurs, c'est en leur re-
mettant sans cesse sous les yeux des objets
propres à les inquiéter, c'est en troublant
leur entendement ; c'est en irritant leur
curiosité sans jamais la satisfaire ; c'est en
parlant à leur imagination & en faisant taire
leur raison, qu'on peut en faire des esclaves
& les retenir éternellement sous le joug.

On nous dira peut-être, qu'en présen-
tant un Dieu terrible aux hommes, des
Législateurs éclairés crurent avoir trouvé
le plus puissant des motifs pour les enga-
ger à vivre entre eux d'une maniere raisonnable : mais pour rendre les mortels

raisonnables, il ne faut point les tromper; il ne faut point les forcer de renoncer à la raison, il ne faut point leur dire qu'il exi-ste des préceptes plus importans ou plus faints que ceux de la nature: il faut leur montrer la vérité, leur faire sentir les rap-ports qui les lient les uns aux autres; il faut leur donner une éducation & des loix qui les invitent, les habituent & les obli-gent à vivre d'une façon vraiment con-forme à la nature. Le moyen le plus sûr d'égarer les hommes & de les rendre mé-chans, c'est de les rendre stupides, c'est de leur cacher ou de leur déguiser la véri-té, de leur interdire l'usage de la raison & de leur ordonner ensuite le crime au nom du Ciel.

Ce fut la route que prirent tous ceux qui apporterent des Dieux, des Religions & des Loix aux Nations. Loin de les éclairer & de former leur esprit, loin de leur enseigner la vraie morale, loin de leur apprendre les voies de la nature, ils ne leur parlerent que par des énigmes & des allégories; ils leur présenterent des myste-res; ils ne les entretinrent que de fables; ils redoublerent autant qu'il fut en eux leurs incertitudes, leurs embarras & leurs craintes, & se firent sur-tout un devoir de ne jamais développer leur raison.

Par cet indigne abus de la confiance des peuples, ceux-ci n'eurent qu'un efprit de fervitude ; jettés dans une perplexité continuelle & dépourvus de moyens de s'en tirer, ils furent toujours à la merci de leurs guides, qui fans principes de morale, étrangers à la vertu, affûrés de l'impunité, furent avides, inhumains & menteurs, rendirent au nom du ciel les nations complices de leurs excès & les inftrumens de leurs paffions.

L'ignorance & la crainte font les deux fources fécondes des égaremens du genre humain. Il n'eft donc point furprenant que des Divinités enfantées au fein des allarmes & des malheurs, & rendues plus hideufes encore par l'impofture & la politique, ayent porté les hommes peu-à-peu aux plus affeux délires. Si la terreur, préfidant à la formation des Dieux, empêcha les hommes de raifonner, fi l'ignorance des forces de la nature ne leur permit pas de reconnoître fes effets néceffaires dans les révolutions & les défaftres dont ils furent effrayés, il fallut néceffairement que les moyens qu'ils imaginerent pour détourner ces maux & pour appaifer les Puiffances auxquelles ils les attribuerent, fuffent auffi bizarres & déraifonnables que

B 3

les Dieux qu'ils s'étoient formés. Chacun fuivit en cela les caprices de fon
imagination ou de celle de fes guides ;
plus les Divinités furent extravagantes &
& méchantes, plus les cultes dont on crut
les honorer furent cruels & extravagans.
Le raifonnement n'eut point de fil pour
fe guider toutes les fois qu'il fut queftion
des êtres à la formation desquels la raifon n'avoit point eu de part. En conféquence la nature & le bon fens furent
outragés dans prefque tous les cultes que
l'on rendit aux Puiffances invifibles auxquelles on crut la nature fubordonnée.
Si le malheur, la foibleffe, l'inexpérience
difpofent, comme on a vu, l'homme à
la crédulité, l'autorité, la confiance, l'habitude & l'inertie l'attachent à des opinions & à des ufages qu'il n'a jamais pu,
ni ofé examiner ; ainfi fans s'en apperce-
voir il fe remplit de préjugés : accoutumé à ne jamais confulter fa raifon, il
devient le jouet de fa propre démence
ou de celle des autres, & l'on ne peut
prévoir jufqu'où l'aveuglement & la dé-
raifon le porteront. Les conféquences
d'une erreur que l'on regarde comme importante & facrée doivent être auffi variées qu'étendues.

CHAPITRE II.

Des différentes Religions ; il ne peut y en avoir de véritable. Des Révélations.

DES Dieux modifiés par des imaginations diverses ont dû suivre les caprices de ceux qui les ont annoncés, & les façons de les servir ne purent être que des suites de ces mêmes caprices. Si chaque individu est forcé de se faire un Dieu à part, d'après sa propre organisation & ses propres circonstances, s'il n'est pas deux êtres de l'espece humaine qui ayent précisément les mêmes idées de leur Dieu, il n'est pas surprenant que les inductions qu'ils en tirent soient infiniment diversifiées ; & l'on peut affirmer qu'il n'est pas deux hommes dans le monde qui ayent précisément la même Religion. Tous les Dieux des nations ont des points généraux de ressemblance ; toutes les Religions s'accordent à plusieurs égards ; mais le Dieu & la Religion d'un même pays sont envisagés diversement par chaque individu ; chacun d'accord pour les

B 4

admettre en gros, les modifie dans le dé-
tail à fa maniere, & s'en fait des idées
particulieres ou propres à lui tout feul.

Il ne peut donc point y avoir de Religion qui convienne à tous les hommes.
Comme ceux-ci varient pour le tempérament, pour les idées, pour les circonftances phyfiques & morales qui les mo-
difient, ils ne peuvent ni adorer le même Dieu, ni convenir du culte qu'il faut
lui rendre, ni des notions que l'on doit
s'en former: le Dieu d'un lâche ne peut
être le même que celui d'un homme intrépide & courageux; le Dieu d'un efclave
du Defpotifme ne peut être le même que
celui d'un Citoyen libre & qui connoît
fes droits; le Dieu d'un climat fertile &
heureux nè peut être celui d'un climat
disgracié; le Dieu d'un homme robufte
& fain ne peut être celui d'un mortel
chétif & rempli d'infirmités. Par une conféquence nécéffaire, la Religion doit fuivre les idées que l'on s'eft faites de fa
Divinité; & comme les hommes n'auront
jamais de mefure commune pour décider
des objets qui n'ont que leurs fantaifies
pour bafé, nous fommes forcés de conclure que nulle Religion ne peut être
vraie, & que jamais le genre humain ne

pourra s'accorder dans les mêmes notions
fur des objets purement imaginaires que
chaque homme eft obligé de voir diverfement: il n'y a que la folie la plus tyrannique qui puiffe entrependre de décider
quel eft l'homme ou la nation qui ont le
mieux rêvé, & dont les rêveries doivent
fervir de regle pour les autres.

Pour qu'une Religion fût vraie il faudroit qu'elle eût pour objet le culte d'un
vrai Dieu. Mais parmi cette foule de
Dieux divers que les nations adorent comment diftinguer le véritable ? Sera-ce le
plus puiffant ? par-tout on leur attribue le
même pouvoir. Sera-ce le plus rempli
de bonté, de fageffe, d'intelligence ? par-
tout nous voyons les nations gémir fous le
poids de leurs maux tant phyfiques que
moraux. Sera-ce le Dieu le plus raifon-
nable ? hélas ! nous voyons par-tout les
Dieux ne parler que le langage du délire.
Sera-ce celui dont la Religion rend les
hommes les plus heureux ? nous voyons
que par-tout la Religion eft la fource primitive de leur afferviffement, de leurs
préjugés religieux & politiques, de leurs
querelles fanglantes, de leurs haines invé-
térées, de leurs tourmens intérieurs, de
leurs chagrins les plus cuifans. Sera-ce le

B 5

Dieu dont la morale est la plus pure, la plus conforme à la nature de l'homme? nous voyons que par-tout la nature, la raison, la morale font subordonnées aux caprices d'un Dieu changeant ou de ceux qui le font parler, & que ceux-ci substituent des devoirs ridicules & même des crimes réels aux loix immuables de la nature, aux devoirs de la raison, aux intérêts de la Société. Enfin fera-ce le Dieu qui rend les hommes meilleurs? nous voyons par-tout que les mortels oublient leur Religion & leur Dieu pour suivre les passions que leurs tempéramens, leur éducation, leurs gouvernemens, leurs usages, leurs préjugés, leurs opinions & l'exemple leur rendent nécessaires. Ainsi nulle Religion ne peut fixer les idées des hommes; nulle Religion ne peut être utile à leur bonheur.

On nous dira peut-être que toutes les Religions du monde s'accordent à faire adorer des Dieux méchans, mais que l'on pourroit remédier aux inconvéniens qui résultent de ces notions fausses, en supposant un Dieu parfaitement bon. Je réponds que cette supposition est totalement impossible; dès qu'on suppose Dieu l'auteur de toutes choses, on se trouve obligé de lui attribuer également les biens &

lés maux dont ce monde est le théâtre : si l'on s'obstine à ne lui attribuer que le bien, en voyant les maux auxquels l'innocence & la vertu même sont exposées ici-bas, on se trouvera forcé de convenir ou que ce Dieu si bon ne peut les empêcher, ou que ce Dieu si parfait y consent, ou que ce Dieu si sage les permet ; idées qui sont également contraires à la toute-puissance & aux perfections divines : si un Dieu bon est le maître de la nature, les désordres tant physiques que moraux que nous trouvons dans le monde démentiront à tout moment la bonté qu'on lui attribue. Il est donc impossible de proposer aux hommes un Dieu qui puisse être constamment le modele de leur conduite & l'objet de leur amour sincere.

La Religion est, nous dit-on, le systême des devoirs de l'homme envers son Dieu ; cela posé, ces devoirs doivent donc être fondés sur les rapports subsistans entre ce Dieu & lui ; mais avant de pouvoir découvrir ces rapports, il faudroit connoître la nature de ce Dieu ; être assûré de ses attributs essentiels & de ses qualités ; être instruit de ses volontés ; s'être duement convaincu si ses ordres sont réellement émanés de lui, ou s'ils n'ont point été supposés ou altérés par ceux qui

nous parlent en fon nom. D'un autre côté quels rapports véritables peut-il y avoir
entre Dieu & les hommes ? Ne nous ré-
pete-t-on pas fans ceffe que Dieu ne doit
rien à l'homme ; qu'il eft le maître de lui
donner ou de lui refufer fes graces ; qu'il
eft en droit de le punir d'avoir manqué
des graces qu'il n'a point voulu lui donner ; qu'il peut avec juftice le damner pour
des fautes qu'il n'a pu s'empêcher de commettre ? Quels rapports peut-il donc y
avoir entre les hommes & un defpote
tout puiffant qui ne confulte que fa fan-
taifie ?

Cependant toute Religion fuppofe non
feulement des rapports entre Dieu & les
hommes, mais encore quelque révélation,
une manifeftation de la Divinité, une pro-
mulgation de fes loix ; mais parmi ces révélations faites à tous les peuples de la terre en faveur de laquelle fe déterminer ?
Sera-ce pour celle qui nous donne l'idée
la plus claire de la Divinité ? toutes fe font
un principe d'étouffer la raifon, d'interdire
l'examen, de nous propofer des myfteres,
de jetter notre efprit dans de profondes
ténebres ; toutes nous montrent un Dieu
incompréhenfible, des myfteres impénétrables, des oracles inintelligibles, des loix

oppofées aux lumieres du bon fens; toutes nous ramenent à l'autorité des hommes; mais pour s'en rapporter à l'autorité, il faut avoir des motifs de confiance en ceux qui fe difent plus inftruits que nous des volontés de la Divinité qu'ils nous annoncent; & pour peu qu'on réfléchiffe on eft forcé de reconnoître que nul être fini ne peut fe former une idée d'un Dieu que l'on dit infini, & que par conféquent tous les hommes n'ont jamais eu & n'auront jamais aucune notion réelle de l'Etre qu'ils fe croyent obligés d'adorer ou d'honorer de leur culte. De tout cela l'on eft obligé de conclure qu'il n'exifte poins de vraie Religion fur la terre, que les hommes n'ont que des fuperftitions, c'eft-à-dire des Syftêmes de conduite ridicules, arbitraires, infenfés, & des opinions deftituées de fondemens.

Il n'eft point de révélation qui foit propre à faire difparoître l'ignorance & les incertitudes où les hommes feront toujours fur le compte de la Divinité; il n'en eft pas qui, bien loin de jetter plus de jour fur cet Etre, ne plonge l'efprit humain dans des ténebres plus epaiffes, & n'anéantiffe fon Dieu par les contradictions palpables qu'elle débite en fon nom. En effet on nous dit que la révélation eft une

preuve de la bonté d'un Dieu, qui, dans
fa miféricorde, a daigné fe manifefter à
des hommes choifis par préférence à d'autres, afin de leur faire connoître fes volontés fuprêmes & les moyens de mériter
fes faveurs. Mais cela même ne prouve-
t-il pas que le Dieu qui fe révele n'eft ni
bon ni équitable? Si tous les hommes ont
befoin de connoître la Divinité & de fe
conformer à fes vues, la révélation d'un
Dieu bon auroit dû être univerfelle; une
révélation particuliere annonce un Dieu
favorable à un peuple particulier, mais injufte & cruel pour tous les autres, qu'il
veut laiffer dans leur aveuglement : ainfi
toute révélation exclufive anéantit évidemment la bonté & la juftice du pere com-
mun des mortels.

Toute révélation ne répugne pas moins
à la fageffe divine qu'à la nature de l'homme ; quand même cette révélation pourroit
être un moyen de connoître la Divinité
& fes loix, ce moyen ne feroit que mo-
mentané & trompeur. Tout ce qui paffe
entre les mains des hommes eft fujet à
s'altérer par les différens récits, par la vi-
ciffitude des langues, par l'amour du merveilleux, par le penchant à mentir, à
exagérer, par la diverfité des façons de
voir, d'entendre, de comprendre, de pen-

fer ; par la variété presqu'infinie des efprits, des inrérêts, des préjugés. Ainfi pour qu'une révélation fût ftable il faudroit que la nature de l'homme fût changée ; mais en fuppofant l'homme tel qu'il eft, il faut néceffairement que toute révélation devienne à la longue un vrai tiffu de fables & de rêveries, diverfement modifiées par les efprits divers qui l'annoncent, qui l'interpretent & qui la reçoivent. Quelles difficultés ne trouvons-nous pas à conftater les faits qui fe paffent journellement dans les fociétés où nous vivons? Ne voyonsnous pas que ce qui arrive dans un quartier d'une ville, en paffant de bouche en bouche, s'altere & devient fouvent un amas de contradictions & de menfonges avant de parvenir jufqu'à nous? Combien eft-il d'hommes qui fachent rendre fidélement ce qu'ils ont vu, ce qu'ils ont entendu raconter? comment veut-on qu'une révélation conferve quelque permanence à travers les fiecles, les nations, les peuples ignorans, les Prêtres enthoufiaftes ou menteurs, les intérêts changeans? Ainfi quand il y auroit eu en effet jadis une révélation véritable, cette révélation fe corromproit, s'altéreroit infailliblement, & deviendroit peu-à-peu un tiffu de fauffetés, au milieu defquelles il feroit impoffible de démêler

la vérité primitive ; elle ne feroit par conféquent qu'un moyen abfurde, ridicule,
imcompatible avec la nature de l'homme &
avec les projets immuables d'une Divinité toute-puiffante.

En effet fi Dieu s'eft révélé dans le
tems il a ceffé dès-lors·d'être immuable,
il a voulu dans un tems ce qu'il n'a point
voulu dans un autre ; il a privé les hommes de ce qui leur étoit indifpenfablement
néceffaire pour le leur accorder dans la
fuite ; il n'a pu tout d'un coup leur donner les connoiffances & les lumieres dont
ils avoient befoin, ou s'il l'a pu il ne l'a
point voulu, ce qui feroit injurieux foit à
fa puiffance, foit à fa juftice, foit à fa
bonté. (d)

D'un autre côté une révélation variable
& fujette à s'altérer ne feroit pas compa-
tible avec les attributs de la Divinité.
Quand

(d) Les Théologiens nous difent que la révélation Judaïque fut donnée pour rétablir parmi les hommes la *Religion*
naturelle, que l'idolâtrie avoit par-tout entiérement effa-
cée ; mais la révélation Judaïque, quoique divine, fut im-
parfaite, & remplacée par la révélation Chrétienne, an-
noncée par Jéfus-Chrift, qui eft venu fuppléer aux défauts
que Dieu avoit mis ou laiffés dans fa révélation antérieure.
En bonne foi, ces notions font-elles conformes à celles
que l'on doit avoir d'un Dieu infiniment parfait ? S'il eft tout-
puiffant que ne rendoit-il tout d'un coup les Juifs charnels
& groffiers fufceptibles de la révélation *plus parfaite* qu'il
leur donna depuis ?

Quand Dieu lui-même se tiendroit suspendu au haut de l'atmosphere, d'où il annonceroit continuellement ses loix & ses volontés aux différens peuples de la terre qui passeroient sous ses pieds ; quand même il les annonceroit dans les différens idiômes de ces peuples, à moins de changer l'essence même de l'homme, il ne parviendroit pas à les amener à quelqu'uniformité de croyance ; les hommes demeurant ce qu'ils sont, entendroient, concevroient, expliqueroient ses oracles diversement ; sa révélation continuelle ne seroit qu'une occasion continuelle de disputes entre eux, & peut-être qu'à chaque révolution du globe Dieu les trouveroit s'entrégorgeant pour savoir dans quel sens il faut entendre ses ordonnances du jour précédent. D'où il suit qu'une révélation momentanée seroit une absurdité, & qu'une révélation continue seroit un grand malheur pour notre espece, en la laissant disposée comme elle l'est. Le Tout-Puissant auroit donc mieux fait de refondre l'homme afin de lui rendre une révélation utile, que de se donner la peine de l'instruire continuement & par lui-même.

Toutes les révélations qui existent sur la la terre ont été faites par l'entremise des

C

hommes ; la Divinité en tout pays s'eſt
ſervie de l'organe de quelque mortel pour
faire connoître ſes volontés ſuprêmes. Mais
pourquoi faire paſſer par la bouche d'un mortel faillible & menteur ce qu'elle pouvoit in-
ſpirer directement aux cœurs des créatures
qu'elle vouloit éclairer? A quoi bon tous ces
miracles prétendus , faits pour appuyer les
discours d'un homme, tandis qu'il n'étoit
beſoin que d'un acte de la volonté divine
pour changer la nature humaine & convaincre toute la terre de ce qu'elle avoit
beſoin de faire & de ſavoir ? Un Dieu
préſent par-tout & par conſéquent préſent
à toutes les ames, ne pouvoit-il pas s'entretenir avec elles directement? Pourquoi
ayant un moyen ſi excellent & ſi ſûr de
faire connoître ſa volonté, en prend-il un
ſi mauvais, ſi ſuſpect, ſi ſujet à l'erreur?
Pourquoi pouvant agir en Dieu, agit-il en
homme? Pourquoi ne préfere-t-il pas des
moyens infaillibles à des moyens douteux?

C'eſt un être bien étrange que le Dieu
théologique; il eſt revêtu de toutes ſortes
de qualités divines, c'eſt-à-dire incom-
préhenſibles pour l'homme; & cependant
il agit toujours en homme! Mais encore
d'après les révélations qu'on lui attribue
dans toutes les parties de la terre ſe con-
duit-il en homme infiniment ſage, infini-

ment bon, infiniment jufte, infiniment puiffant, infiniment prévoyant & conftant? non, fans doute; il parle pour n'être point entendu; il choifit un petit nombre d'hommes & réprouve tous les autres : il agit en Sultan qui ne doit rien à perfonne.

Cependant fa toute-puiffance n'empêche pas tous fes projets d'échouer : l'homme eft en pouvoir de l'offenfer, de troubler l'ordre qui lui plaît, de lui défobéir, de fe révolter contre lui. Enfin malgré fon immutabilité ce Dieu eft continuellement occupé à faire & à défaire fon propre ouvrage; l'homme l'oblige à chaque inftant de changer de mefures; la race humaine, qu'il a créée pour fa gloire, ne le glorifie point, elle ne fait que l'irriter & l'appaifer, provoquer fa fureur par des ouvrages continuels afin de la calmer par des prieres & des baffeffes continuelles; en un mot Dieu devient le plus changeant & le plus malheureux des êtres, par la fatale liberté qu'il laiffe à fes créatures de contrarier fes vues; jamais le Tout-Puiffant ne parvient à leur infpirer ni les opinions ni les difpofitions qu'il défire; il lui eft plus facile de bouleverfer les élémens, de fufpendre la marche de la nature, de faire des miracles, que de changer le cœur

C 2

de l'homme, qu'il tient pourtant dans ſes mains.

Les loix contenues dans toutes les révélations connues & promulguées au nom de la Divinité ſont-elles dignes d'un homme ſage ? Elles ſont par-tout puériles, inſenſées ; elles annoncent un Dieu fantasque, occupé de pratiques extravagantes, de cérémonies ridicules ; elles montrent un Dieu avide de préſens & d'offrandes ; elles nous préſentent un Dieu glorieux ſenſible aux baſſeſſes, aux humiliations, aux flatteries de ſes favoris , & n'accordant rien à ſes amis , ſ'ils ne le lui arrachent à force de prieres & d'importunités.

Ces révélations nous propoſent-elles un Dieu bien moral ou propre à ſervir de modele aux hommes ? Elles nous le montrent comme un ſéducteur, qui tend des pièges ; comme un juge inique, qui punit les fautes qu'il a invité ou permis de commettre ; comme un exterminateur des peuples ; comme ſe vengeant de l'ignorance néceſſaire des mortels, & les châtiant d'avoir manqué des lumieres & des forces qu'il n'a point voulu leur donner ; comme l'ennemi de la raiſon humaine ; comme le plus déraiſonnable des tyrans : & par un renverſement fatal de toutes les idées de morale l'on le croit obligé de louer en Dieu ce qu'on dé-

tefte dans l'homme, & de blâmer dans
l'homme ce qu'on honore en fon Dieu.

Toutes les Religions du monde nous
parlent d'un Dieu qu'elles prétendent connoître, qu'elles affurent être le feul véritable, le feul digne d'être aimé & adoré;
mais auffi-tôt que la raifon veut examiner
les titres & les prétentions exclufives de
ce Dieu, elle ne trouve par-tout qu'une
égale folie; par-tout elle voit les contradictions les plus frappantes, les inconfé-
quences les plus marquées, la conduite la
plus défordonnée. Elle voit en tout pays
la Religion établie dans des tems d'ignorance & de barbarie: elle trouve que la Religion des enfans n'eft que l'effet de la fot-
tife des peres. Elle voit l'enthoufiasme,
l'autorité, l'impofture aidée de la tyrannie
fermant par-tout la bouche à la vérité, à
l'expérience, au bon fens. En un mot
lorfqu'exempts de préjugés nous voulons
contempler ces Religions qui abforbent l'attention des peuples & de ceux qui les
gouvernent, nous reconnoiffons dans tous
les Dieux le pinceau de la crainte, de la
démence, de la fourberie; nous ne trouvons qu'obfcurité & myfteres dans les dogmes qu'on leur attribue, nous ne voyons
que délire dans les cultes qu'on leur rend,

nous ne voyons que délire dans les inductions qu'on en tire , & tout confpire à
nous prouver que la Religion, loin d'être
l'inftrument de la félicité des hommes , eft
la fource empoifonnée d'où font découlés
tous leurs maux.

CHAPITRE III.

*Toutes les Religions nous donnent des idées
également contradictoires & finiftres de la
Divinité.   De l'Idolâtrie.   Du Polythéisme , & du* MONOTHÉISME, *ou du dogme
de l'unité de Dieu.*

CHAQUE peuple eut fes Légiſlateurs &
fes Miffionnaires , & chaque Légiſlateur
ou Miffionnaire apporta un Dieu , un Culte , une Religion créés & modifiés d'après
fon propre cerveau , d'après les préjugés
dont il avoit été lui-même imbu , d'après
fes propres intérêts, d'après les fentimens
qu'il voulut infpirer à ceux dont il s'étoit
attiré la confiance & les refpects. En-
thoufiafte ou fourbe , & fouvent l'un &

l'autre à la fois, dans les peintures qu'il
fit de la Divinité, dans les fables qu'il en
raconta, dans les ordres qu'il annonça de
fa part, dans les moyens qu'il indiqua pour
lui plaire, il ne confulta que fon imagination, que fes propres rêveries, que fes
intérêts, que les opinions fauffes déjà reçues par ceux qu'il vouloit perfuader. Il
y eut donc autant de Divinités & de Religions qu'il y eut de Légiflateurs & d'Ins-
pirés ; les Dieux n'eurent jamais que le
caractere & n'eurent pour régle de conduite que les vues des perfonnages qui les
annoncerent aux peuples. Un Légiflateur
ambitieux, fourbe, cruel dut offrir aux
efclaves ou aux voleurs qui le choifirent
pour chef un Dieu de fon affreux caractere (e), Un Légiflateur bilieux, fombre,
capricieux & colere fit de fon Dieu un
être auffi défagréable que lui-même. Un
Guerrier, un Conquérant repréfenterent
l'Etre fuprême comme un Monarque vail-
lant qui n'eftimoit que le courage. Un
Impofteur voluptueux fit de fon Dieu l'ami

(e) Quiconque lira la Bible même reconnoîtra dans le
peuple Juif une nation de voleurs, de brigands, de ban-
dits que Moyfe parvint à foulever contre leur fouverain, &
à qui, à force de cruautés, il donna un Dieu auffi féroce
& auffi méchant que lui, & très-analogue à leur façon de
penfer.

C 4

de la volupté & des plaisirs des sens. Un
Inspiré dont les mœurs furent austeres &
farouches fit de son Dieu l'ennemi des
plaisirs. Il fallut aussi consulter les dispositions des peuples & leurs façons de penser. Les Orientaux accoutumés à l'escla-
vage & soumis de tout tems à des Despotes séveres, inaccessibles, impitoyables,
qui punissoient la moindre désobéissance
avec la derniere rigueur, eurent des Dieux
aussi absolus que leurs Rois. Ils furent
esclaves de leurs Prêtres & de leurs Souverains, qui les infecterent à l'envi de
superstitions & de préjugés avilissans. Les
peuples de l'Occident & du Septentrion,
plus belliqueux, plus robustes, plus sains,
eurent des Dieux guerriers, vu que la
guerre étoit leur élément.

En un mot dans toutes les superstitions
qui se répandirent sur la terre, les Dieux,
ainsi que leurs cultes, n'eurent pour base
que le caractere des hommes qui les firent
parler; ils furent dans l'origine accommo-
dés aux dispositions particulieres & aux
circonstances physiques & morales des peuples à qui on les annonçoit. Ces dispositions sont dues aux tempéramens, aux
climats, aux alimens, au genre de vie,
aux besoins, aux gouvernemens, aux
mœurs, aux préjugés des différens habitans

de notre globe; & comme ces difpofitions furent rarement les mêmes, les Dieux & les cultes furent néceffairement variés. Cependant, comme on l'a déjà fait obferver, il y eut entre eux des reffemblances générales; par-tout les Dieux furent des Rois, par-tout ils furent à craindre, par-tout la Religion fut abjecte & rampante; les peuples les plus ignorans & les plus malheureux furent les plus fuperftitieux: mais en fait de fuperftitions, les plus folles & les plus étudiées doivent l'emporter fur les autres. C'eft ainfi que l'Egypte, la Syrie, la Judée, la Phénicie, l'Indoftan, peuvent être regardés comme les grands atteliers des Dieux & des Religions. Ce fut de ces contrées que l'on vit fortir des effains de Miffionnaires qui porterent au loin leurs Divinités, leurs rites, leurs Myfteres & leurs Fables. C'eft dans l'Egypte fur-tout que prirent naiffance les folies aftrologiques, la magie, les enchantemens, l'art des preftiges, la divination, la prophétie, les fonges, & enfin la Métaphyfique ou la fcience des Efprits & les profondeurs de la Théologie. Un pays mal fain, & tel que l'Egypte, dont les habitans étoient fujets à un grand nombre de maladies cruelles, devoit être naturel-

lement difposé à la fuperftition; d'ailleurs
un climat chaud a dû parmi leurs Prêtres
oififs faire éclore des fpéculateurs fans
nombre, des forciers, des vifionnaires,
des Devins, des Prophêtes, des Infpirés &
des rêveurs, dont les folies en impoferent
à un peuple malheureux & par fon tempérament porté à la mélancolie. En conféquence nous voyons que l'Egypte fut le
pays le plus extravagant, le plus religieux,
le plus dominé par les Prêtres; ceux-ci ont
de proche en proche infecté l'univers de
leurs rêveries & de leurs fuperftitions. (f)
Telles ont été & telles feront toujours

(f) Toute l'Hiftoire ancienne prouve évidemment que
l'Egypte fut le berceau de toutes les Réligions. L'*Adonaï*
des Hébreux ou le *Jehovah* dont l'empire s'étend aujour-
d'hui fi loin, eft vifiblement le même Dieu que l'*Adonis*
des Syriens & des Phéniciens, que l'*Atys* des Phrygiens.
Tous ces Dieux ont été formés fur le modele de l'*Ofiris*
Egyptien, qui dans l'origine étoit un emblême de la nature mourante pendant l'hyver & renaiffante au printems.
Voilà la véritable raifon de la conformité qui fe trouve entre les Mythologies anciennes & modernes. C'eft en Egypte qu'Orphée avoit puifé fa Théologie; les *Telchines*, les
Daffyli Idæi, les *Curetes* &c. doivent être regardés comme des Miffionnaires qui porterent dans la Grece des
Dieux, des cultes, des Mythologies & des Théologies; ils
furent reçus avec empreffement par les Grecs encore fauvages & qui n'étoient point réunis en fociétés. Les Juifs
ont vifiblement puifé leur Religion & leurs cérémonies
chez les Egyptiens. Ils n'étoient que des Egyptiens *Prote-
ftans*. Les Chrétiens ne font que des Juifs *Schifmatiques*,
qui ont avidement adopté la Métaphyfique & la Théologie Egyptienne, réchauffée par Platon, & fubtilifée depuis
par une foule de profonds Théologiens.

dans les peuples les difpofitions qui feront naître & qui feront adopter les fuperftitions & les idées théologiques. Cependant ces notions merveilleufes n'ayant jamais pour bafe que l'imagination, les rêveries de quelques hommes ainfi que l'ignorance, la crédulité, le peu de lumieres de ceux qui les reçoivent, ne peuvent être invariables. Semblables aux fruits des arbres que l'on transplante, les Religions prennent, pour ainfi dire, le goût du terroir; les Dieux primitifs changent de face, & les fyftémes religieux font forcés de s'accommoder aux circonftances & aux idées des peuples, qui varient avec leurs mœurs, leurs coutumes, leurs principes politiques, & les opinions de leurs guides. C'eft ainfi que le Dieu des Egyptiens prend une nouvelle forme entre les mains du Légiflateur des Hébreux ; c'eft ainfi que ce même Dieu prend un afpect nouveau chez les Chrétiens, & leur demande un culte tout différent de celui qui lui plaifoit autrefois; le même Dieu & le même fyftême religieux prennent des nuances différentes chez les différentes nations. L'Anglois ne le voit point aujourd'hui des mêmes yeux qu'autrefois; il n'en a plus des idées auffi atroces que fes peres, ou que fes voifins qui continuent à gémir fous la verge de leurs Prê-

tres. En un mot les volontés immuables
du Dieu suprême de l'univers font modifiées, font forcées de se prêter aux changemens & aux progrès des esprits, aux révolutions des hommes : leurs Doctrines,
leurs cultes, leurs liturgies, leurs opinions
religieuses font perpétuellement altérés par
leurs circonstances présentes, toujours plus
fortes que leurs spéculations merveilleu-
ses : leurs Prêtres, qui jamais ne font longtems d'accord entre eux, ont eux-mêmes
contribué à changer leurs systêmes religieux. Voilà comment, pour ainsi dire,
des Dieux ont changé de physionomie :
les hommes ne peuvent longtems penser
d'une façon uniforme sur des opinions qui
n'ont jamais l'expérience & la raison pour
base ; leurs chimeres font forcées de se di-
versifier. Ne soyons donc point surpris si
la Religion enfantée par l'enthousiasme,
soumise aux passions & aux intérêts des
mortels, fut changeante comme eux ; il n'y
a que les ouvrages de la raison qui soient capables de résister à leurs caprices ; il n'y a que
la vérité qui demeure éternellement la même.
　Malgré tous ces changemens survenus
dans les idées religieuses ; malgré la disson-
nance des opinions des hommes, toutes
les superstitions furent, comme on a vu,
en tout tems d'accord à voir dans leurs

Dieux des êtres fâcheux faciles à irriter, propres à inquiéter : la Divinité fut toujours ennemie de la tranquillité de l'homme, ses Miniſtres la peignirent toujours ſévere. La Religion fut l'Empire des ténebres & des orages; on n'y marcha jamais qu'à la lueur des éclairs; ſes ſujets furent aveugles, & ſes décrets furent exécutés, quelque difficiles & déraiſonnables qu'ils paruſſent, quelque contraires qu'ils fuſſent à la nature, à la raiſon, au bon ſens, au repos du genre humain; les nations enivrées n'oſerent point examiner les ordres de leurs Dieux; elles ſe crurent forcées d'obéir; elles ſe flatterent de les rendre propices, même en outrageant la nature, en violant ſes loix les plus ſacrées, en anéantiſſant leur propre félicité.

,, Je ſuis, dit Jehovah, un Dieu ja-
,, loux, vindicatif, impitoyable. Hé-
,, breux! je ne vous ai tirés des fers que
,, pour ſervir ma jalouſe fureur; j'aban-
,, donne à votre rage la perſonne & les
,, biens de l'impie Cananéen. Dépouil-
,, lez, exterminez des nations qui m'irri-
,, tent par leur culte; périſſe tout mortel
,, qui ne me connoît point; que l'enfant
,, à la mamelle, que la femme éplorée,
,, que le vieillard débile, que la brute
,, elle-même ſoient impitoyablement égor-

„ gés. Ne craignez rien, je marche à
„ votre têté, je dirige vos coups, j'ap-
„ plaudis & je récompenfe votre inhuma-
„ nité; je fuis le Dieu des armées. C'eft
„ moi qui crée le jufte & l'injufte; la vie
„ & la mort font à moi; toute la terre eft
„ mon domaine, obéiffez & tremblez,
„ car je fuis le Seigneur; je venge la
„ défobéiffance des peres fur leurs en-
„ fans innocens."

„ Ecoutez, s'écrie Moloch, Tyriens
„ & Carthaginois! Je fuis un Dieu fan-
„ guinaire; faites nâger mes autels dans
„ le fang. Pour me rendre favorable,
„ que la flamme dévore vos enfans, que
„ la mere endurcie me préfente d'un œil
„ fec fon fils palpitant; mon oreille eft
„ charmée des cris de l'innocence; mon
„ odorat eft flatté de la fumée des chairs
„ brûlées; c'eft en étouffant la nature
„ que l'on réuffit à me plaire."

„ Romains! combattez avec fureur,
„ (leur difent des Dieux injuftes, qui leur
„ abandonnent la terre pour la ravager)
„ que le guérrier fe dévoue & périffe avec
„ courage: que la férocité foit pour vous la
„ premiere des vertus; vos Dieux approu-
„ vent la rapine & le meurtre; accom-
„ pliffez leurs oracles cruels: que vos bras
„ victorieux faffent du monde entier le

„ féjour du carnage: que le genre humain
„ foit égorgé fur l'autel de la patrie: que
„ la nature lui foit immolée fans pitié."

„ Mexicains! (dit un Dieu fauvage)
„ volez à la conquête; attaquez vos paifi-
„ bles voifins; faififfez des captifs pour les
„ égorger devant moi: que leurs cœurs
„ fumans me foient offerts. Je fuis affa-
„ mé de chair humaine; fongez à me ras-
„ fafier, ou craignez mon courroux.".

„ Mortels, engendrés dans la colere!
„ (dit le Dieu des Chrétiens) profternez
„ vos fronts dans la pouffiere; immo-
„ lez votre raifon; facrifiez-moi vos pen-
„ chans les plus doux; fuyez les plaifirs
„ de la vie; détachez-vous de vous-mê-
„ mes & des objets que la nature vous
„ rend chers; haïffez un monde pervers,
„ je fuis jaloux de votre cœur; rendez-
„ vous miférables, que l'amertume & la
„ triftefse empoifonnent vos jours; je ne
„ vous ai donné l'être que pour me répaî-
„ tre de vos douleurs; ce monde n'eft
„ qu'un paffage où je prétens vous éprou-
„ ver; fouffrez, priez, gémiffez, affli-
„ gez-vous dans cette vallée de larmes;
„ j'aime à voir couler vos pleurs; j'en-
„ tends avec plaifir les accens plaintifs de
„ vos gémiffemens; vos hurlemens fufpen-

„ dront peut-être mon tonnerre. Quel
„ bonheur pour vous de me connoître !
„ fachez que je réferve des tourmens éter-
„ nels à quiconque ignorera mes volontés
„ énigmatiques ; la raifon m'eft en hor-
„ reur, je vous en défends l'ufage, vivez
„ dans les allarmes ; nourriffez-vous de
„ frayeurs, méditez mes jugemens ; le
„ tems ne mettra point de bornes à ma
„ vengeance auffi cruelle que durable."

Tel fut à-peu-près le langage que toutes les fuperftitions firent tenir aux Dieux;
elles eurent pour maxime invariable d'é-
tourdir le jugement des hommes, de les
accabler par la crainte & de les empêcher
de raifonner. Quand l'homme eft bien
troublé, on n'a plus befoin de preuves
pour lui perfuader de croire ou d'agir comme on voudra.

Quoi qu'il en foit, ceux qui inventerent
des Dieux & des cultes pour les nations, ne
firent d'abord que perfonnifier la nature &
fes fonctions & la cacher fous le voile du
myftere & de l'allégorie. Ce ne fut pas
affez de la peindre à l'aide de la poëfie,
il fallut encore parler aux fens du peuple,
& lui montrer des objets matériels qui
fixaffent fes regards & qui lui repréfentaf-
fent les Puiffances invifibles qu'on lui difoit
                                    d'ado-

d'adorer. Les Dieux prirent donc des formes, & l'emblême ou figure qu'une nation
convint d'honorer fut son Dieu : de-là toutes les figures bizarres que nous voyons
devenir les objets des différens cultes des
peuples ; nous y retrouvons néanmoins toujours la nature ou ses diverses opérations ;
le tems, les saisons, les révolutions pério-
diques des astres, la terre, la fertilité, la
génération, &c. Voilà les élémens primitifs dont on forma ces Dieux qui furent
& qui seront toujours redoutables pour le
genre humain, obstiné à donner de la vie,
de l'intelligence, des projets à tout ce qui
fait de l'impression sur lui ou à toutes les
causes qu'il ne peut concevoir.

Ainsi les hommes assignerent toujours
des qualités humaines aux forces, aux
Agens secrets dont ils ignorent la façon
d'agir ; il n'est donc point difficile de de-
viner pourquoi ceux qui leur annoncerent
des Dieux les représenterent le plus communément sous une forme humaine. C'est
ainsi que la matiere Ethérée, changée en
Jupiter, fut représentée sous la forme d'un
monarque armé de la foudre & porté par
l'aigle qui plane au haut des airs. C'est
ainsi que le tems, déguisé en *Saturne*, prit
la forme d'un vieillard inexorable, dont la

D

faux n'épargne rien; c'est ainsi que la génération, métamorphosée en *Vénus*, devint une femme aimable, ornée de tous les attributs de la beauté &c.

Mais le vulgaire ne sçut jamais, ou du moins oublia bientôt l'objet qu'on lui représentoit sous ces emblêmes ou images; il crut que la Divinité même, ou quelque vertu secrette émanée d'elle, résidoit dans la matiere grossiere ou dans la figure qu'on lui montroit; il adora toujours le bois, la pierre, le marbre, l'airain; ses vœux s'adresserent à ces figures emblématiques, sans que son esprit remontât jusqu'aux objets que ces figures représentoient. Ainsi naquit *l'idolâtrie*. Le plus grand nombre des hommes fut & sera toujours idolâtre. Si quelques penseurs plus exercés ne virent dans les figures qu'on leur montroit que les emblêmes des Dieux, le peuple y vit les Dieux mêmes; si dans des Religions plus raffinées quelques spéculateurs sont parvenus à spiritualiser la Divinité, le peuple la vit toujours, la respecta & l'adora dans les signes ou symboles sous lesquels on la lui présenta; parmi nous les hommes qui se donnent pour les plus grands ennemis de l'idolâtrie adorent de cœur & d'esprit le pain sacré sous le symbole duquel le Dieu de l'univers est lui-même caché.

Ceux qui auroient pu détromper le vulgaire, en lui rappellant que les symboles & les formes qu'il voyoit n'étoient point des Dieux, n'avoient aucune vertu, mais n'étoient destinés qu'à représenter d'une façon sensible des causes invisibles, des agens naturels, ou l'oublierent eux-mêmes ou se garderent bien de lui découvrir la vérité ; ils furent toujours intéressés à le tromper, à redoubler ses erreurs, à lui persuader qu'ils étoient les possesseurs, les ministres & les interpretes, non d'une statue inanimée ou d'une forme de convention, mais de la Divinité même, d'un être puissant & redoutable, d'une force qui devoit en imposer. L'intérêt des Ministres des Dieux est toujours de redoubler l'aveuglement & la surprise des hommes, afin de se rendre plus importans à leurs yeux. (g).

Les vues bornées du vulgaire ne lui permettant gueres d'embrasser un grand ensemble, il ne put se figurer dans l'origine qu'un

(g) C'est sans doute à cette politique qu'est due la fureur avec laquelle les Prêtres de l'Eglise Romaine réprimerent dans les commencemens ceux qui oserent examiner le dogme de la *présence réelle* de la Divinité dans le pain consacré ou dans l'*Eucharistie*. L'intérêt du sacerdoce le décidera toujours pour l'opinion la plus favorable à ses intérêts. Dans les pays où l'*Eucharistie* n'est qu'un Emblême l'Eglise a bien moins de pouvoir que dans ceux où ce pain est Dieu lui-même.

seul Dieu eût le pouvoir de gouverner
toutes chofes; pour entrer dans fes idées,
on fut obligé de multiplier les Dieux &
leurs emblêmes ou figures; l'air: la terre,
les mers, le feu, les aftres, les tems, les
faifons furent divinifés, perfonnifiés, re-
préfentés: la paix & la guerre, la fanté &
la maladie, l'ivreffe, la volupté, ainfi que
les remors & la trifteffe dépendirent de
Divinités particulieres, ou furent regardés
comme des effets furnaturels ; enfin chaque ville, chaque famille, chaque homme
eurent des Dieux particuliers, des *Lares*,
des *Pénates*, des Anges tutélaires, des
Patrons, des Saints.

Cependant quelques Légiflateurs ordonnerent de n'adorer qu'un feul Dieu, &
même de peur que les peuples n'adoraffent
fon image en fa place, ils défendirent de
le repréfenter fous aucun fymbole ou figure. Quelques-uns d'entre eux eurent des
peines infinies à forcer leurs fectateurs de
n'adreffer leurs hommages qu'à un être métaphyfique & caché, qui n'en fut que plus
propre à faire inutilement travailler leurs
cerveaux. Ce ne fut qu'avec des peines
infinies & par des maffacres réitérés, que
le chef des Hébreux détourna fon peuple
du culte des Dieux d'Egypte ; les anna-

tes facrées de ce peuple matériel & gros-
fier nous le montrent toujours difpofé à
retomber dans l'idolâtrie. Néanmoins la
raifon humaine ne gagna rien à n'avoir
qu'un Dieu unique & dépourvu de figure; cet être vague n'en fut que plus propre à mettre l'efprit des hommes à la torture: les adorateurs de ce phantôme invifible s'en formerent des idées bizarres, dis-
cordantes, fujettes à des difputes éternelles; les peuples ne virent jamais en lui
qu'un Souverain jaloux, orgueilleux, a-
nimé des mêmes paffions que les Tyrans
de la terre. Ceux qui n'admirent qu'un
feul Dieu, tirerent de fon unité même
une conféquence très-dangereufe; ils voulurent qu'il régnât tout feul, ils combattirent pour étendre fon empire, & perfuadés que leur Dieu étoit le feul Roi
légitime, ils regarderent les autres Dieux
comme des ufurpateurs, & traiterent leurs
adorateurs en rebelles que l'on devoit exterminer. Les Polythéiftes furent bien
plus accommodans; ils penferent que chaque Dieu avoit fon diftrict, & que fans
l'offenfer on pouvoit tolérer & même admettre d'autres Dieux fes égaux. Le dogme de l'unité de Dieu fit de cet être
un Souverain ombrageux, ennemi naturel

de tous ceux qui vouloient partager son trône avec lui. Le Polythéisme au contraire suppofa que les Dieux des nations formoient une *Ariftocratie* ou République de fouverains, qui, fans nuire à leur bonne intelligence, partageoient entre eux le gouvernement du monde, fans qu'aucun d'eux prétendît empiéter fur le département de fon voifin. Lorque les partifans de ces Dieux différens fe firent la guerre, cette guerre fut politique & jamais religieufe; le Dieu de la nation fubjuguée recevoit la loi de celui de la nation victorieufe, & fouvent recevoit les hommages du peuple vainqueur. Les Polythéiftes furent communément moins zélés & plus tolérans que les adorateurs d'un feul Dieu. Le zéle n'eft jamais autre chofe dans l'homme que la paffion de feconder l'ambition & l'orgueil d'un Dieu qui veut régner fans partage; l'intolérance, la haine & la perfécution font des fuites bien plus néceffaires dans un fyftême religieux qui n'admet qu'un feul Dieu, que dans celui qui en admet plufieurs. (*h*).

(*h*) Les Mages, les Juifs, les Chrétiens & les Mahométans, en un mot tous les *Unitaires* furent toujours haineux, intolérans, animés du defir de faire des Profélytes. Ce fut en conféquence de fa Religion que Cambyfe détruifit les temples d'Egypte & tua le bœuf Apis; l'ivreffe alors avoit ranimé fon zéle. Les Romains, qui étoient Po-

Soit que la Religion n'eût pour objet qu'un feul Dieu, foit qu'elle en admît plufieurs, ce Dieu ou ces Dieux furent toujours traités en Rois. Le refpect qu'on eut pour ces Princes invifibles ou pour les emblêmes ou figures qui les repréfen-toient, fit qu'on les féqueftra de la focié-té ; on bâtit à ces Souverains cachés des Palais que l'on appella des *Temples* ; on les y plaça fur des Trônes, dans des appartemens fecrets, dont le vulgaire n'ofa point approcher, & que l'on nomma *Sanctuaires*; on leur dreffa des tables ou des *Autels*; on leur forma des cours com-pofées de Miniftres, d'Officiers & de Serviteurs, que l'on nomma des *Prêtres*; enfin l'on ne ceffa de combler de préfens ces Souverains, ainfi que ceux qui leur furent attachés & que l'on crut honorés de leur confiance.

Par une fuite des idés terribles que l'on avoit données fur la Divinité, & pour nourrir dans les cœurs des peuples la crainte, le refpect, la foumiffion, l'igno-

lythéiftes, facrifioient aux Dieux des pays où ils paffoient ou qu'ils avoient fubjugués ; ils fe feroient fait un fcrupule de les infulter ; il n'y eut que dans les tems où l'avarice l'emporta fur la fuperftition, que quelques-uns d'entre eux fe permirent de piller des temples.

D 4

rance & la crédulité, on plaça communément les Dieux ou leurs images dans
des endroits capables d'exciter & d'entretenir ces difpofitions dans les ames. Ce
fut dans de fombres cavernes, dans le
fond des forêts, dans des lieux redoutables par leur obfcurité que l'on conduifit
les mortels pour adorer les Dieux & pour
recevoir leurs oracles. La fuperftition,
dont l'inquiétude, la terreur & la mélancolie font les vrais alimens, doit évi-
ter le grand jour; les Dieux ne doivent
point fe familiarifer avec les hommes; ils
ne doivent leur parler qu'obfcurément &
dans des lieux qui les difpofent à trembler; ce n'eft que dans les ténebres qu'il
faut adorer des êtres que l'on ne peut concevoir & dont il n'eft point permis d'ap-
profondir ni l'effence ni les décrets (i).

(i) Nos Eglifes Gothiques font très-propres à nourrir la
fuperftition. Un Auteur Italien a dit avec grande raifon
„ que l'horreur fainte qu'infpire une caverne facrée, une
„ obfcurité religieufe, un jour peu diftingué de la nuit,
„ font des chofes très - propres à exciter le refpect dans
„ celui qui adore, & à augmenter la majefté *nébuleufe*
„ de l'objet que l'on ne voit qu'à demi." Les oracles fe
rendoient communément dans des lieux fombres & propres
à exciter la terreur. *Voyez Agoftino Mafcardi difcorfi mo-*
rali part. I.
    Lucain a dit des habitans de Marfeille :
        Numina fic metuunt : tantum terroribus addit
        Quos timeant non noffe Deos.
                        PHARSAL. LIB. III.

Les hommes une fois parvenus à fixer
fur la terre le féjour des objets de leurs
craintes & de leurs efpérances, voulurent
recueillir les fruits de leurs démarches in-
térefées; poffeffeurs de la Divinité, c'eft-
à-dire de la Puiffance à qui tout eft foumis, ils fe crurent à portée de fe procurer
toutes les chofes qu'ils pouvoient defirer,
d'écarter toutes celles qui leur nuifoient,
de fixer leurs incertitudes & même de connoître l'avenir par le fecours des Intelli-
gences qui tenoient dans leurs mains les
deftinées des mortels. Les Courtifans &
les Miniftres des Dieux ne tarderent point
à les contenter; on les confulta fur tout,
on fuppofa que des hommes qui jouiffoient
de la préfence & de la familiarité du Souverain caché, devoient être inftruits de fes
volontés, & que confidens de fes projets,
ils ne pouvoient ignorer fes deffeins pour
l'avenir. Ainfi les Prêtres furent par-tout
les interpretes des Dieux, ils annoncerent
leurs oracles, ils prédirent l'avenir, & devenus participans de leur toute-puiffance
ils opérerent des merveilles dont l'efprit du
vulgaire fut furpris & confondu. Les
Nations profternées reçurent en tremblant
leurs arrêts; elles fe foumirent fans mur-
mure, elles adopterent fans examen les

voies qu'on leur prefcrivit pour rendre le
ciel propice ; des œuvres, que l'on crut
furnaturelles parcequ'on ignora la façon
dont elles étoient opérées, acheverent de
convaincre de la légitimité des ordres qu'on
annonçoit & paſſerent pour la fanction de
la Divinité. C'eſt ainſi que l'on vit naître une foule d'arts myſtérieux, fondés ſur
le commerce intime des Prêtres avec les
Dieux, qui font connus ſous les noms
d'*Aſtrologie*, de *Magie*, de *Théurgie*,
d'*Enchantemens*, d'*Evocations*, de *Miracles*, de *Divination*; ils furent exercés par
tous les Prêtres du monde, & ces merveilles en impoferont toujours à la crédulité
des peuples ; leur ignorance, leurs craintes,
l'amour du merveilleux & la curiofité les
difpoferont éternellement à écouter & ad-
mirer les impofteurs qui les trompent, &
à trouver divin tout ce qu'ils ne pourront
concevoir.

Le vulgaire, toujours rempli de l'idée
que fon Monarque célefte eſt un être redoutable, n'ofa point s'en approcher, il
craignit de le voir de fes propres yeux:
femblable à un efclave qui craint de rencontrer les regards irrités d'un maître colere & capricieux, il chargea fes Miniftres, qu'il fuppofa fes favoris, de le voir
pour lui ; le Dieu, caché pour tout le mon-

de, ne fe montra d'abord à ceux-ci que
fur des montagnes embrafées, au milieu
des éclairs & des tonnerres, dans des fo-
litudes effrayantes, dans des forêts téné-
breufes, dans des antres & des cavernes;
dans la fuite il ne fe fit voir qu'à fes Prêtres qui feuls purent entrer dans fon fanc-
tuaire; ce fut de ces lieux, dont l'accès
fut interdit aux profanes, que la Divinité prefcrivit fes loix, annonça fes dogmes,
régla les cérémonies de fon culte, ordonna des rites, des expiations, des facrifices, & fur-tout fixa le fort de fes Ministres chéris. Ce fut à grands coups de tonnerre que l'on inculqua aux hommes la maniere de fervir leur Dieu, & ce fut par le
myftere qu'on les retint fous le joug.

Toutes les fuperftitions du monde fe
vantent d'avoir quelque Dieu pour fonda-
teur; toutes fe fondent fur l'autorité divine, toutes interdifent l'ufage de la raifon
lorfqu'il s'agit des preuves fur lefquelles
elles s'appuyent; enfin toutes menacent
des châtimens les plus terribles quiconque
aura l'audace de douter des prétendues vé-
rités qu'elles annoncent. En un mot les
perfonnages qui ont prefcrit des cultes fe
font par-tout arrogé le droit étrange de
fe forger des titres & de défendre aux
hommes de les examiner. Pour peu que

la raison nous parle, nous ne verrons dans
toutes les Religions que les ouvrages infor-
mes du fanatisme, de l'ambition, de l'avarice & de l'imposture de ceux qui se
sont placés entre le genre humain & ses
Dieux.

CHAPITRE IV.

Du Sacerdoce.

RIEN n'eût été plus avantageux pour
les nations que les instructions de quelques
citoyens honnêtes, qui ayant consacré leur
tems à l'étude de la Nature, à méditer ses
voies, à faire des expériences, à s'enrichir de sciences réelles & de connoissances
utiles, les eussent ensuite communiquées
avec franchise à ceux que leur travail em-
pêchoit de s'occuper des mêmes objets.
Si, au lieu de se repaître de chimeres
extravagantes & dangereuses, un certain
nombre d'hommes se fût occupé de la morale, des rapports qui subsistent entre les
êtres de l'espece humaine, des devoirs qui
en sont les suites, les Gouvernemens la

Morale, la Législation, la Physique se seroient perfectionnés, & la somme des maux
du genre humain eût au moins diminué
sur la terre. La Physique & une Morale
fondée sur la nature sont les seuls objets
dignes de l'attention des hommes ; l'une
leur apprend à multiplier les biens dont ils
jouissent, à repousser ou du moins à sou-
lager les maux qui les affligent ou les menacent ; l'autre leur enseigne la vertu, &
leur prouve qu'elle est le seul soutien des
empires, des sociétés, des familles, & la
source unique de la félicité publique & particuliere. Mais quand les hommes furent
une fois parvenus à se persuader qu'ils
avoient un intérêt plus fort que celui de
se rendre heureux dans leur existence ac-
tuelle ; quand ils ne regarderent plus ce
monde que comme un passage qui devoit
les conduire à une autre existence bien
plus importante que celle dont ils jouissent
maintenant, quand des phantômes furent
devenus les seuls objets de tous leurs soins,
la réalité fut négligée, & l'on se fit un crime
de détourner un instant les yeux de dessus
les pompeuses chimeres sur lesquelles on
fondoit ses espérances & ses craintes. Dès
que les Dieux furent regardés comme arbitres du sort des mortels, ceux-ci s'imaginerent avoir tout fait pour leur bonheur

en fuivant les voies qu'on leur avoit in-
diquées comme propres à rendre ces Puis-
fances favorables ou à détourner leur colere. Ainfi leurs Miniftres devinrent les
feuls inftructeurs des peuples ; ils n'occu-
perent leurs efprits que des êtres invifibles
dont ils étoient les interpretes, ils ne leur
donnerent que les connoiffances obfcures
qu'eux - mêmes s'étoient formées , & les
nations enivrées de fuperftition & de craintes , ne firent aucun pas vers la félicité.
Lorfqu'elles fe trouverent heureufes , on
leur dit que leur bonheur étoit un bienfait
du ciel , qu'il falloit l'en remercier. Furent - elles infortunées ? on leur dit que
leurs maux étoient des châtimens vifibles
des Dieux , dont il falloit en tremblant adorer les jugemens ; lorfqu'elles voulurent
écarter les obftacles qui s'oppofoient à leur
bien - être , on leur perfuada que c'étoit
réfifter aux volontés du Très - Haut ; des
citoyens curieux voulurent - ils s'occuper
de fciences utiles, on les traita de connois-
fances frivoles & méprifables , peu néces-
faires à des mortels, qui ne doivent avoir
que l'autre vie devant les yeux. Enfin des
nations heureufes voulurent - elles étendre
la fphere de leurs plaifirs ? on leur dit
que tout ce qui pouvoit leur plaire excite-
roit la fureur de leur Dieu, qui les con-

damnoit en ce monde aux larmes & aux
foupirs.

C'eſt ainſi que la Religion, jalouſe de
tout ce qui pouvoit détourner l'attention
des hommes, voulut les occuper feule; elle
s'empara excluſivement de l'éducation ;
elle influa ſur la légiſlation ; la politique
lui fut fubordonnée ; la morale fut réglée
par ſes caprices ; la paix des ſociétés fut
ſans ceſſe troublée par les diſſenſions néceſſaires qu'elle fit naître ; la raiſon &
l'expérience furent bannies à perpétuité ;
la vraie ſcience reçut des entraves ou fut
proſcrite avec dédain, & les nations privées de lumieres, d'énergie, d'activité,
furent tenues dans l'ignorance & dans un
engourdiſſement, dont elles ne ſe tirerent
que pour ſe battre & ſoutenir les futiles
déciſions de leurs guides religieux. En
un mot la fuſperſtition, uniquement occupée de ſes phantômes, ne préſenta jamais
aux hommes des objets faits pour les inté-
reſſer ; ſes inſtructions ne formerent que
des eſclaves ignorans, craintifs, inquiets,
qui n'eurent de l'activité que pour ſe nuire, & qui furent prêts à fouler aux pieds
les devoirs les plus faints toutes les fois
qu'on leur fit entendre que le ciel le vouloit ainſi.

Tels font les fruits que les natians ont recueillis des inſtructions de leurs Docteurs ſacrés ; ceux - ci toujours ennemis nés de la vérité, de la raiſon humaine, de la ſcience, furent aveugles eux - mêmes, & prétendirent guider des hommes encore plus aveugles qu'eux, & qu'ils prirent à tâche d'aveugler de plus en plus. Si l'intérêt des hommes, la raiſon, le bon ſens euſſent été conſultés, les arts ſe ſeroient perfectionnés, les travaux auroient été rendus plus faciles, & les nations actives euſſent été à portée d'augmenter la ſomme de leur bien-être ; ſi l'on eût médité la politique, on auroit bientôt ſenti que le gouvernement pour être utile doit être juſte, & que les ſociétés ne peuvent être heüreuſes, ſi elles ne jouiſſent de la liberté, de la ſûreté, de la paix ; ſi l'on eût conſulté la raiſon, l'on eût trouvé que ſans mœurs & ſans vertu les nations ne peuvent ſubſiſter, & que la Religion, les gouvernemens & les loix ſeront toujours inutiles pour contenir les paſſions des hommes, quand l'éducation, l'habitude, l'opinion, la tyrannie religieuſe & politique s'efforceront continuellement de les corrompre, d'égarer les eſprits & d'enchaîner les corps.

C'eſt

C'eſt à ceux qui ont médité ces grands objets qu'il appartient d'inſtruire les peuples; eux ſeuls méritent le nom de Sages; & ce ſont les Sages qui devroient être les ſeuls Prêtres des nations. Au lieu de former des ſuperſtitieux, des lâches, des fanatiques, leurs inſtructions formeroient des Citoyens généreux, induſtrieux, éclairés, raiſonnables. Par là peu-à-peu l'éducation répandroit des lumieres, des connoiſſances, des vertus ſolides; une jeuneſſe ainſi formée, formeroit à ſon tour une poſtérité vertueuſe, éclairée, libre. Chaque Pere de famille transmettroit à ſes enfans les principes, les ſentimens, les vertus qu'il auroit acquis lui-même; il développeroit leur raiſon, il leur montreroit leurs intérêts les plus réels, il leur feroit de bonne heure contracter l'habitude de ſe rendre utiles; il leur feroit ſentir le prix de l'honneur véritable, il leur inſpireroit le deſir de mériter la bienveillance de ceux dont l'eſtime & les ſecours leur ſeront un jour ſi néceſſaires; il leur prouveroit qu'ils ſont intéreſſés à ſervir la patrie, à s'attacher à la grande famille dont l'aſſociation les a faits membres, à ſe conformer à des loix qui ont pour but le bien de tous; en un mot il leur apprendroit à

E

chérir les noms facrés de vertu & de Patrie.

Au milieu de citoyens imbus de ces maximes, un gouvernement équitable, à l'aide des récompenfes & des peines, donneroit de nouvelles forces aux inftructions domeftiques & paternelles ; ainfi la législation viendroit à l'appui de l'éducation ; elle contribueroit à fortifier les préceptes de la morale ; elle encourageroit les talens ; elle rendroit la vertu néceffaire ; & le Souverain, intéreffé lui-même à faire le bien, feroit le Prêtre de la raifon, le vrai guide de fon peuple, le centre de tous les mouvemens de la fphere fociale.

Il n'en fut point ainfi chez des peuples que tout concourut à remplir de terreurs & de fuperftitions ; ceux qui les inftruifirent dans la Religion abbatirent leur courage ; ils ne leur apprirent qu'à trembler devant leurs Dieux, à les appaifer par des préfens, à les traiter comme des Rois dont la puiffance étoit à craindre. Imbues de ces idées, les nations, après avoir formé des Cours à leurs Monarques céleftes, fe perfuaderent, comme on a vu, que femblables aux Souverains de la terre, les Dieux du ciel montroient de la prédilection pour ceux qui les fervoient & les approchoient de plus près : ainfi l'on s'imagina que les

Miniſtres & les Courtiſans des Dieux, les Officiens de leurs palais, les perſonnes de leur cortege devoient être des hommes privilégiés, bien plus agréables à leurs yeux que le reſte des mortels, & qui par leur crédit pouvoient tout obtenir de leurs maîtres.

Dans l'origine des ſociétés les Légiſlateurs en furent les premiers Prêtres ; ce furent donc eux qui leur apporterent des Divinités, des Religions, des Mythologies, & toujours ils demeurerent en poſſeſſion d'annoncer & d'interpréter les volontés de leurs Dieux. Le ſacerdoce appartint de droit à ces ambitieux bienfaiſans ou ruſés qui, après avoir mérité la confiance des peuples, s'emparerent de leur inſtruction. Ils furent aidés dans leurs fonctions par des perſonnes éprouvées & choiſies, ſur lesquelles ils ſe repoſerent des détails du Miniſtere ſacré, & qui partagerent avec eux les reſpects des nations. Ainſi les Prêtres formèrent entre eux un ordre *hiérarchique*, & participerent à l'éclat de la Majeſté Divine, en raiſon des offices plus ou moins diſtingués qu'ils exercerent auprès de la perſonne des Dieux ; ils conſtituerent dans chaque Nation une claſſe diſtinguée, qui ne fut point confondue avec le vulgaire, dont la familiarité

E 2

eût diminué la vénération. Des hommes
uniquement deſtinés à ſervir les Dieux furent regardés comme *Sacrés & Divins* ;
ils ne furent point placés ſur la même ligne
que les autres, qui, dégradés à leurs propres yeux, ſe crurent des *profanes*. Les
Prêtres uniquement occupés de leurs ſoins
importans ſe renfermerent avec leurs Dieux
dans leurs temples, ils vécurent dans la
retraite, ils ſe rendirent inacceſſibles au vulgaire, & leurs ſanctuaires devinrent impénétrables : ce que l'on voit tous les jours
perd bientôt le pouvoir d'en impoſer. (*k*)

Anéanti devant ſon Dieu, objet con-
ſtant de ſes dédains, le peuple ne ſe jugea
plus digne de préſenter lui - même ſes offrandes & ſes hommages à ce Monarque
redouté, qu'il voyoit renfermé avec ſes
Prêtres dans le fond d'un ſanctuaire, il ſe
crut obligé de recourir à l'interceſſion de

(*k*) Le Grand - Prêtre des Juifs n'entroit qu'une fois l'année dans le Saint des Saints. Il s'y préſentoit tout ſeul,
& non ſans une crainte vraie ou ſimulée d'en mourir.
Quelle devoit être l'idée que le peuple d'Iſraël pouvoit a-
voir de ſon Dieu ſi redoutable pour le Pontife lui-même !
Chez les Payens il y avoit des temples qui ne s'ouvroient
pareillement qu'une ſeule fois dans l'année. En matiere
de Religion les hommes furent toujours traités comme des
enfans ; *tremblez devant mon Sanctuaire*, dit Jehovah. V.
LÉVITIC. CH. 19. *Quiconque approchera du Tabernacle du
Seigneur ſera frappé de mort*. NOMBRES CHAP. XVIII vs.
31. *Votre Dieu eſt un feu dévorant*. V. DEUTERON.
CHAP. V. vs. 24. &c.

ſes favoris; ceux-ci furent ſeuls en droit
de lui parler, de lui préſenter les dons du
vulgaire, de prier & de ſacrifier pour lui,
& d'expier ſes fautes. Seuls dépoſitaires
des loix qu'ils avoient reçues des Dieux-
mêmes, ils furent ſeuls en droit de les
interpréter. Ceux qui avoient le privilége
excluſif de voir & d'entretenir la Divinité ou d'être inſpirés par elle, étoient,
ſans doute, les ſeuls qui connuſſent ſes
véritables intentions & l'eſprit de ſes ordonnances. Des fonctions ſi nobles & ſi
importantes firent partager aux Prêtres la
vénération de l'Etre inviſible dont ils é-
toient les organes: médiateurs entre lui &
les hommes, ils commanderent aux nations,
leurs décrets ne rencontrerent plus d'obſta-
cles; qui eût en effet oſé leur réſiſter? Les
Rois, ſoumis comme les derniers de leurs
ſujets à l'empire des Immortels, furent
toujours forcés de plier ſous le joug du
ſacerdoce; le choix d'un peuple ſuperſtitieux pourroit-il être douteux entre ſes
Maîtres céleſtes, ſes guides ſacrés & ſes
Souverains profanes dont la gloire eſt é-
clipſée par celle du Très-Haut? (l)

(l) *Nulla res efficacius multitudinem regit quam ſuper-
ſtitio; alioqui impotens, ſæva, mutabilis, ubi vana reli-
gione capta eſt, melius vatibus quam ducibus paret.*
QUINT. CURT. LIB. IV. CAP. 10.

E 3

Les connoiffances, les talens, la fcience donnent une fupériorité néceffaire à ceux qui les poffedent. Ce fut fouvent en apportant des découvertes útiles à des nations ignorantes & fauvages que les Législateurs mériterent leur confiance, leur firent adopter leurs Dieux, leurs cultes & leurs loix, & parvinrent à les fubjuguer. Lorfque les cultes furent une fois établis, & les Prêtres féqueftrés du vulgaire, ceux-ci fe bornerent au foin des autels, & dégagés par la générofité des peuples de l'embarras de fonger à leur propre fubfiftance, ils eurent le loifir de fe livrer à la contemplation, ils méditerent pour les autres, & découvrirent fouvent des chofes avantageufes à la fociété. Les uns étudierent les vertus fecrettes des plantes, les maladies du corps humain, les moyens de les guérir; d'autres obferverent le cours des aftres & prétendirent bientôt y lire les deftinées des mortels; d'autres trouverent dans la nature des moyens d'étonner leurs concitoyens & d'en impofer à leur crédulité. Les Prêtres furent les premiers Médecins, les premiers Jurisconfultes, les premiers Légiflateurs, les premiers Juges, en un mot les premiers

Savans des sociétés naissantes (m) ; nous
y voyons la Poësie, la Musique, la Mé-
decine, l'Astrologie, la Magie, la Physique exercées par eux, & quelquefois même la Morale & la Philosophie ; leur savoir les fit considérer de tout le monde.
Le souverain se servit d'eux dans ses entreprises ; le soldat les respecta au sein même du carnage. Chacun eut besoin de leurs
secours ; chacun trouva dans son Prêtre des
ressources, & le crut un homme divin,
parce qu'il ne connut pas les secrets de
son art. Aussi le sacerdoce eut-il soin de
ne point communiquer la science ; en pas-
sant par ses mains les connoissances les
plus simples contractèrent toujours un ton
énigmatique & mystérieux qui en retarda
visiblement les progrès ; jamais les Prêtres
ne consentirent à découvrir la vérité toute
nue, elle fut toujours masquée par eux
sous des allégories, exprimée par des hiéroglyphes, couverte des ombres du mys-
tere, réservée à un petit nombre d'hommes éprouvés & défigurée pour les au-

(m) En Egypte les Prêtres étoient Juges ; leur chef por-
toit au col un Saphire qu'on appelloit *Vérité*. V. *Ælian.*
var. Histor. Lib. XIV. Cap. 34. Les Druïdes exerçoient
les fonctions de Juges parmi les Celtes.

E 4

tres par l'alliage du menfonge & du merveilleux. (n).

Nous n'en ferons point étonnés quand
nous réfléchirons que ce qui eft fimple,
familier & connu, perd fes droits fur l'admiration des hommes, au lieu que le myftere irrite leur curiofité, le merveilleux
fait travailler leur imagination & ils font
ftupéfaits à la vue des chofes qui furpaf-
fent leur entendement. Tout homme qui
fe dit poffeffeur d'un fecret important,
devient confidérable aux yeux du vulgaire,
acquiert de la fupériorité, eft regardé comme un être favorifé des cieux. C'eft fur
ces difpofitions que furent toujours fondés
les myfteres ; les Prêtres par leur moyen
fe firent confidérer, & ne communique-
rent leurs fecrets qu'après s'être, par des

(n) L'allégorie confifte à énoncer une chofe de maniere
à en faire entendre une autre. L'antiquité nous attefte
que *l'allégorie* étoit une invention d'Egypte ainfi que les
hiéroglyphes : les Prêtres, jaloux de leurs découvertes,
les imaginerent comme des moyens de les transmettre à
leurs fucceffeurs, fans les faire connoître au vulgaire. Tous
les Prêtres furent toujours myftérieux ; parmi les Druïdes
il étoit défendu de coucher leur doctrine facrée par écrit,
de peur qu'elle ne fût examinée. C'eft par le même principe que les plus rufés des Prêtres Chrétiens ont voulu
ôter des mains du peuple les livres fur lesquels leur croyance eft fondée ; il eft évident que rien n'eft plus abfurde
que d'imaginer qu'un Dieu bon & fage, voulant faire connoître fes intentions aux hommes, puiffe fe fervir d'allégories, c'eft à dire, d'un langage inintelligible pour le plus
grand nombre d'entre eux.

épreuves multipliées, affurés de la difcré-
tion de ceux dont ils avoient irrité la curiofité. (o)

Comme les Dieux furent réputés les auteurs de tous les événemens qui arrivent
dans ce monde, il fut naturel de confulter
leurs miniftres dans toutes les entreprifes
& de ne rien faire fans leur aveu ; par-là
les Prêtres devinrent les arbitres du fort
des Etats, tantôt ils encouragerent les nations par des oracles favorables, tantôt
ils les abbatirent par des prédictions & des
préfages finiftres.   De-là cette foule d'Ins-
pirés qui, fous les noms de *Devins*, de
Voyans, de *Prophétes*, d'*Augures*, d'*Ha-*
ruspices, déciderent de toutes les entreprifes, rendirent fouvent inutiles les projets
les plus avantageux, furent toujours fûrs
de commander à la ftupidité des peuples &
d'allumer dans leurs ames les paffions les
plus contraires aux intérêts de la fociété. (*p*)

(o) Strabon Liv. XVII. dit que Platon & Eudoxe, après
un féjour de treize ans en Egypte, pendant lesquels ils
ne cefferent de faire leur cour aux Prêtres d'Héliopolis & de
ramper devant eux, ne purent en rien obtenir que la dé-
couverte par laquelle on leur apprit que la vraie mefure de
l'année étoit de fix heures plus longue que celle qui étoit
en ufage chez les Grecs.   Le ton myftérieux & fanatique de
la Doctrine de Pythagore & de Platon eft dû vifiblement aux
Prêtres Egyptiens, dont tous deux avoient pris des leçons.
(*p*) Euripide dit que *celui qui devine le mieux eft le*

E 5

Les connoiſſances ſublimes & variées des Prêtres les rendirent plus chers, plus précieux, plus reſpectables aux nations; les reſſources continuelles qu'elles crurent trouver en eux, leur crédit auprès des Dieux, la ſupériorité néceſſaire que l'experience leur donna ſur les autres citoyens, les fit regarder comme l'ordre le plus important de toute ſociété. Le merveilleux vint encore à leur ſecours; pluſieurs d'entre eux étudierent la nature & mirent à profit ſes phénomenes pour étonner, éblouir, intimider le vulgaire; celui-ci toujours ignorant, crut ces effets ſurnaturels, & ſon imagination prévenue vit ſans ceſſe tout ce que ſes Prêtres voulurent lui faire voir (q). De-là cette foule de prodiges,

meilleur Prophéte. Les Prophétes des Hébreux étoient évidemment des Jongleurs, des Devins, des diſeurs de bonne avanture, tels que ceux qu'on trouve dans tous les pays du monde, vivans de la ſimplicité des peuples.

(q) Tous les tours ou miracles, que la Bible attribue à Moyſe & aux Sorciers de Pharaon, ſemblent prouver que les Prêtres d'Egypte poſſédoient un grand nombre de ſecrets de phyſique & de chymie que leur génie myſtérieux a fait perdre depuis. Peut-être que Moyſe, dont la face parut reſplendiſſante aux Iſraëlites, avoit connoiſſance du _phoſphore_ de Godefroy. Quels miracles les Prêtres du Paganiſme n'auroient-ils pas pu opérer à l'aide de la poudre à canon, & du magnétisme; &c! Moyſe avoit, ſans doute, beau jeu avec les Iſraëlites puisqu'il leur faiſoit croire qu'une colonne de nuée les conduiſoit, tandis que cette colonne n'étoit réellement qu'un braſier qu'il faiſoit porter à la tête de l'armée, ſuivant l'uſage des Orientaux.

de preftiges, de miracles que l'on regarda comme des fignes indubitables de la volonté du ciel, qui s'expliquoit par le défordre ou la fufpenfion que les Dieux à la voix de leurs Prêtres mettoient dans les loix de la nature. Ces merveilles prétendues affurerent de plus en plus la puiffance facerdotale, confondirent la raifon des peuples, & les difpoferent à croire aveuglément tout ce qu'on voulut propofer à leur crédulité. En effet comment réfifter à des hommes auxquels la nature ellë-même eft forcée d'obéir? Comment douter de la vérité de leurs paroles, tandis que le ciel & la terre leur rendoient les plus éclatans témoignages? Comment refufer de foumettre fa raifon à des perfonnages capables d'opérer des merveilles fi propres à la confondre? C'eft à force de prodiges que l'on peut venir à bout de dompter la raifon; une œuvre furnaturelle, qui n'eft jamais qu'un effet dont le peuple ne connoît point la vraie caufe, fera toujours pour lui un argument plus fort que les raifonnemens les plus fenfés; la raifon ne parle fouvent qu'à des hommes incapables de l'entendre & de fuivre les preuves dont elle s'appuie; un miracle parle aux yeux des hommes les plus groffiers, & porte la conviction avec lui.

La plupart de ceux qui ont donné des Religions aux hommes ont donc prouvé leurs missions par des miracles; mais toutes les Religions du monde datent des tems d'ignorance; plus les peuples sont ignorans plus le merveilleux a de pouvoir sur eux, & plus on est en droit de récuser leur témoignage; cependant dès que nous doutons de la vérité d'une Religion, on nous ferme la bouche en nous citant les merveilles que ses fondateurs ont opérées aux yeux d'une multitude, dont on reconnoît l'ignorance & la stupidité: on veut que des prestiges, dont une populace sans lumiere fut témoin, servent encore de preuves à des hommes plus éclairés que la réflexion & l'expérience ont détrompés du merveilleux. Ce ne fut jamais que dans les tems de ténebres que les Prêtres eurent le pouvoir de faire descendre du ciel les titres de leur grandeur, mais ces titres s'effacent, s'anéantissent, & peuvent difficilement se renouveller lorsque les nations sont parvenues à s'éclairer. Dans les sociétés instruites il ne se fait plus de miracles; alors le sacerdoce, faute de pouvoir en opérer de nouveaux, est réduit à faire usage des miracles anciens. (r)

(r) On voit par-là pourquoi les Prêtres ont toujours été ennemis de la science & des nouvelles découvertes. A

CHAPITRE V.

De la Théocratie ou du gouvernement Sacerdotal.

TELLES font les armes avec lesquelles le facerdoce eft parvenu à conquérir les nations, & à fe placer fur le thrône de l'univers, à côté des Dieux devant

mefure que les hommes deviendront plus inftruits, la puiffance facerdotale doit néceffairement diminuer; l'étude de la nature doit fur-tout déplaire aux Prêtres, elle eft propre à renverfer leurs fyftêmes métaphyfiques, & à leur oter à jamais le pouvoir de faire des miracles.

A l'égard de l'efprit myftérieux que l'on voit régner dans toutes les Religions tant anciennes que modernes, il eft fondé, comme on a dit, fur ce que les hommes fe font communément une haute idée de ce qu'ils ne comprennent pas; les chofes qu'on leur cache font travailler leurs cerveaux. Synéfius dit avec raifon ,, *que le peuple méprife* ,, *toujours ce qui eft facile à comprendre, & que par con-* ,, *féquent il faut que la Religion lui préfente quelque cho-* ,, *fe de furprenant & de myftérieux pour frapper fes yeux* ,, *& pour exciter fa curiofité.*'' La Religion Romaine eft bien plus populaire que la Religion Proteftante, vû que la premiere eft plus abfurde & plus hériffée de Myftères, tandis que la feconde s'eft rendue difficile fur quelques Dogmes infenfés, quoiqu'elle en admette tant d'autres, auffi contraires au bon fens. Peut-être que l'obfcurité, la bizarrerie, l'abfurdité myftérieufe du Chriftianifme font les caufes de l'avidité avec laquelle il fût reçu. En matiere de Religion la plus divine eft la plus merveilleufe, la plus inconcevable eft la meilleure.

lesquels il faifoit trembler les hommes.
Les erreurs du genre humain fe font di-
verfifiées; des fuperftitions vieillies & tom-
bées dans le mépris ont fait place à des
folies nouvelles; les Dieux eux-mémes ont
changé, mais quel que fût leur fort, les
artifices, les reffources & le pouvoir de
leurs Miniftres furent toujours les mêmes;
les efpérances & les craintes des peuples,
leur ignorance & leur crédulité, leur paffion pour le merveilleux rendirent les Prêtres en tout tems les maîtres & les guides
des nations; toujours ils commanderent à
leur imagination, ils enchaînerent leurs efprits, ils partagerent le pouvoir & la majefté des Dieux qui furent en régne.

Si, comme on a vu dans le chapitre
précédent, les Légiflateurs des peuples en
furent les premiers Prêtres; par une fuite
néceffaire ils en devinrent fouvent les premiers Souverains. Plus on s'enfoncera dans
l'antiquité plus on y verra le facerdoce &
le pouvoir fuprême exercés par les mêmes hommes. Rien en effet ne fut plus
naturel que de fe foumettre en tout & fans
réferve à l'autorité de ces perfonnages ref-
pectables dont on avoit reçu tant de bienfaits, que l'on fuppofoit les favoris des
Dieux, qui opéroient tant de merveilles,
par le miniftere desquels on recevoit les

volontés du ciel. Que de titres pour leur accorder la foumiffion la plus aveugle, la confiance la plus entiere, la vénération la plus profonde! quel afcendant ne doivent pas donner à ceux qui les poffedent fur une multitude ignorante, la connoiffance des fecrets de la nature, le talent de la parole, l'art d'allumer l'imagination, le fecret d'abbatre l'ame & fur-tout le privilege de faire parler les Dieux! Rien ne peut, fans doute, égaler le pouvoir qu'une ame forte ou rufée, à l'aide de l'enthoufiasme & des prodiges, fçait prendre fur des ames foibles, tremblantes, dénuées d'expérience & de la faculté de penfer.

Ne foyons donc point furpris fi nous trouvons presque par-tout des veftiges plus ou moins marqués du gouvernement facerdotal; il dut être abfolu & defpotique parce que la volonté des Dieux doit être la réglé des hommes & n'eft point faite pour rencontrer des obftacles; il dut être illimité dans fon pouvoir, parce que ce feroit un crime que d'ofer faire un pacte ou des conventions avec un Dieu, que fa puiffance fuprême difpenfe de toute obligation, & qui ne peut s'affervir à aucuns devoirs. Les loix pénales durent être effrayantes, parce qu'il n'eft point de plus grand crime que de défobéir à fon Dieu ou de se révolter contre lui ; ce gouvernement dut être violent & tyrannique parce que la terreur en fut la base ; il dut être insensé parce qu'il eut pour régle & pour modele des êtres fantasques & déraisonnables, copiés d'après les plus méchans des hommes ; enfin l'impunité enhardissant sa licence, il dut tout se permettre & faire éclore les abus les plus crians.

Tant que le gouvernement sacerdotal n'eut point de concurrent, on lui donna le nom de *Théocratie* ou de gouvernement divin. Dieu fut censé gouverner par lui-même toutes les fois qu'il n'eut que ses Ministres pour représentans, des Prêtres pour Interpretes de ses volontés ; cependant à la longue des profanes ambitieux, respectant peu les droits du sacerdoce, sont presque par-tout parvenus à lui ravir une portion de sa puissance divine. Ce fut, sans doute, l'abus que les représentans de la Divinité firent de leur pouvoir ; ce furent l'indolence présomptueuse & les excès des Prêtres souverains, qui engagerent les peuples & les soldats à consentir à ce partage de l'autorité souveraine. (s)

Le

(s) Les livres des Hébreux nous montrent un Législateur envoyé par un Dieu tout sacerdotal, uniquement occupé de ses Prêtres qui veut que son peuple choisi n'obéisse qu'

Le sacerdoce fit une faute irréparable pour avoir négligé de toujours réunir la force des armes à celle de l'opinion, ce qui auroit rendu son empire éternel.

Ainsi la tyrannie sacerdotale se détruisit elle-même en grande partie; des guerriers actifs, ambitieux, arracherent peu-à-peu le sceptre des mains trop foibles pour le soutenir, ou qui en avoient visiblement abusé; ils dépouillerent les Dieux & leurs Ministres d'un pouvoir trop étendu, ils laisserent à ceux-ci le soin de gouverner les esprits, & se chargerent eux-mêmes de l'administration politique; par-là il s'é-

___

des Prêtres. Ce ne fut qu'à la longue que les Hébreux, devenus guerriers, arracherent aux Prêtres leur pouvoir & forcerent le Dieu & son Prophête de leur donner un *Roi qui combattît à leur tête.* Le Dairi des Japonois fut long-tems le Pontife & le Roi de ce pays; à la fin la puissance civile fut arrachée de ses mains par un Général ambitieux. La Théocratie subsista fort longtems chez les Mahométans, dont les *Califes,* ou successeurs de Mahomet, furent des despotes spirituels & temporels, jusqu'à ce que la puissance civile fut ôtée à des hommes trop indolens pour l'exercer. Dans l'Indostan la Caste des *Bramines* ou Prêtres de l'Indostan, se prétend supérieure à celle des *Rajas* ou Princes: il fut un tems où le sceptre étoit entre les mains de ces Prêtres. La Théocratie subsista longtems en Europe; le Pape au nom de son Dieu, dont il se dit le Vicaire, y exerça le pouvoir le plus absolu sur les Rois de sa secte. Son insolence & son avidité révolterent peu-à-peu les Souverains & dégoûterent quelques peuples de son joug; cependant l'on ne peut douter que les Gouvernemens Chrétiens ne soient encore par-tout honteusement soumis aux Prêtres.

F

tablit deux Légiflateurs & deux Puiffances dans toutes les nations. Mais le facerdoce conferva toujours le droit de parler
au nom des Dieux & de faire chanceller
les Rois mêmes fur leur trône; fa puiffance *fpirituelle*, fondée fur l'opinion, fut
toujours affez forte pour ébranler les Empires jufque dans leurs fondemens.

Les Prêtres néanmoins, peu contens du
pouvoir qui leur étoit refté, chercherent
toujours à remonter fur le trône dont une
force profane les avoit chaffés; dans toutes les nations la puiffance fpirituelle fut
la rivale & l'ennemie de la puiffance temporelle: le prêtre n'oublia jamais que fes
droits venoient du ciel; jamais il ne fut
véritablement foumis aux Souverains de la
terre. Toutes les fois qu'il fe fentit trop
foible pour combattre l'autorité politique
à vifage découvert, il cabala fourde-
ment contre elle, il regarda toujours les
Rois profanes comme des ufurpateurs, &
il ne leur pardonna que lorsque ceux-ci fe
laifferent guider par lui, & lui permirent
de régner fur eux-mêmes.

Les annales d'un grand nombre de peuples nous fourniffent des exemples mémo-
rables de l'afcendant que le facerdoce fçut
prendre fur les Rois. Diodore de Sicile
nous apprend que les Prêtres de Méroë or-

donnoient à leur Monarque de se donner
la mort, dès qu'il avoit eu le malheur de
déplaire à la Divinité ; le Souverain, sans
répliquer, étoit obligé de se conformer à
ce terrible arrêt. Nous voyons chez les
Hébreux un conflict perpétuel entre les
Rois d'un côté, & les Prêtres, les Inspi-
rés, les Prophêtes d'un autre ; tout Prince
qui ne fut point aveuglément dévoué aux
Ministres du Très-Haut fut communément traversé dans toutes ses entreprises,
& n'eut pour l'ordinaire qu'une fin tragi-
que à espérer. Parmi les Chrétiens le sacerdoce donna dans tous les siecles des
preuves fréquentes de son pouvoir ; souvent les hommes de cet ordre ont jugé &
déposé leurs Souverains. Aujourd'hui même encore dans les pays qui se flattent
d'être les plus éclairés, le levain de la superstition est toujours assez fort pour em-
braser l'imagination des peuples fanatiques,
disposés à vanger les outrages prétendus
que la puissance souveraine ose faire à leur
Dieu ; ce Dieu fait cause commune avec
ses Ministres ; il est bien rare qu'il laisse
impunies les injures qu'on leur fait ou le
mépris de leurs ordres.

Tout favorisa le sacerdoce dans ses entreprises, ses prétentions, ses attentats ;

les préjugés qui lui attachoient le vulgaire
furent bien plus forts & plus enracinés que
ceux qui les foumettoient à leurs fouverains temporels. Il n'eft gueres de contrées où l'intérêt des Prêtres n'ait fait couler à grands flots le fang des nations. Les
peuples plongés dans l'ignorance eurent
communément dans leurs guides fpirituels
une confiance opiniâtre, fatale à leur propre tranquillité. L'intérêt du Prêtre fut
toujours l'intérêt de fon Dieu, les droits
du Prêtre furent les droits de ce Dieu, fes
prétentions furent fondées fur l'autorité divine, fes opinions pafferent en tout tems
pour des oracles du ciel, fes crimes mêmes furent facrés & les loix civiles n'eurent point le droit de les punir. Ainfi le
ciel & la terre s'armerent de concert lorfqu'il fut queftion des intérêts du facerdoce ; les Rois eux-mêmes n'y toucherent
point impunément, ils furent obligés de fe
foumettre comme les autres à fes décifions ; ils s'expoferent à une perte certaine
dès qu'ils voulurent y réfifter. Quels
droits plus inconteftables que ceux que la
Divinité a formellement donnés ? quelle
force peut réfifter à l'épée du Seigneur?

Toutes les fois que des Souverains ef-
fayerent de limiter le pouvoir de ces hommes indomptés, méprifer leurs opinions

futiles, voulurent arrêter leurs excès &
dompter leur opiniâtreté, en un mot crurent devoir les empêcher d'abuſer de leur
puiſſance, auſſitôt mille clameurs s'éle-
verent de toutes parts. La majeſté de
l'être ſuprême ſe trouvoit outragée, le
culte étoit en danger, les fondemens du
temple étoient ébranlés, les nations étoient
menacées des plus affreux déſaſtres. Les
noms d'*impies*, de *ſacrileges*, d'ennemis du
ciel, d'uſurpateurs, de tyrans, furent prodigués aux Monarques qui n'eurent
point pour l'*Ordre ſacré* la déférence qu'il
exigeoit. *Vous allez tous périr! le ciel eſt
irrité! les Dieux ſont attaqués! le temple
eſt profané! la puiſſance civile met la main
à l'encenſoir!* tels ſont les cris de guerre
du ſacerdoce; à ces mots effrayans, dans
les tems d'ignorance & de vertige, le fanatique aiguiſa ſes couteaux, les peuples
ſe ſouleverent, ils ſuivirent ſous leurs guides ſpirituels l'étendart de la révolte, &
mille bras ſe préſenterent pour ſervir contre le trône la vengeance des miniſtres des
autels. Le ciel fut toujours prêt à prendre parti pour ſes ſerviteurs irrités; tout
Prince qui leur réſiſta ſe révolta contre
Dieu même, il devint dès lors indigne de
vivre ou de régner.

F 3

Ne foyons point furpris de ces maximes
fi nuifibles au repos des Etats, ni des excès qui en furent les conféquences néceffaires ; dès que les Dieux font les maîtres des Rois ainfi que des fujets ; dès
que rien n'eft plus important que leur culte ; dès que la Religion eft fuppofée d'in-
ftitution divine ; dès que les Prêtres font
les feuls dépofitaires des volontés du Très-
Haut, la puiffance temporelle doit être en
tout fubordonnée à la puiffance fpirituelle ;
tout Prince qui lui réfifteroit feroit un rebelle infenfé, qui méconnoîtroit la fource
de fa propre autorité. Si le pouvoir des
Rois n'eft, comme tant de Souverains ont
follement prétendu, qu'une émanation de
celui du Très-Haut, fi c'eft à Dieu feul
qu'ils reconnoiffent devoir leur autorité,
& fi d'un autre côté les Prêtres font les
uniques interpretes des volontés de ce
Dieu, il n'eft point douteux que d'après
ces principes un Monarque eft déchu de
fon pouvoir dès que le ciel déclare fa volonté par la bouche de fes Miniftres ; fi
fur leurs ordres il refufoit de dépofer
le fceptre & la couronne, il ne feroit plus
qu'un ufurpateur ; fi c'eft Dieu qui fait les
Rois, Dieu doit avoir en tout tems le
droit de les défaire.

D'où l'on voit que les Souverains en prétendant n'être redevables de leur pouvoir qu'à Dieu seul, & n'être comptables qu'à lui de leurs actions, se sont mis dans une dépendance réelle du caprice des Prêtres, toujours seuls en droit de faire parler la Divinité ; mais lorsque celle-ci se sera une fois expliquée, lorsqu'elle aura rejetté ou proscrit le Souverain qui lui déplaît, quel parti prendront les peuples ? Combattront-ils contre Dieu même ? S'exposeront-ils à sa colere éternelle ? Non, sans doute ; *il vaut mieux obéir à Dieu qu'aux hommes.* Les Rois ne sont à craindre qu'en ce monde, la vengeance divine s'étend au delà même du trépas. D'après ces notions les peuples ne peuvent donc hésiter à se déclarer pour leurs Prêtres, & chaque fanatique religieux doit se persuader qu'il fait une action méritoire en détruisant le Prince que ses Prêtres lui désignent comme un rebelle, un tyran, un être proscrit par son Dieu même. Dans un pays superstitieux le sort des Rois doit être perpétuellement dans les mains du sacerdoce ; si les peuples étoient conséquens, les Théologiens seroient toujours les seuls arbitres des Empires & de ceux qui les gouvernent ; ceux qui parlent au nom des Dieux

F 4

font faits pour être les vrais maîtres des Nations & pour n'en point reconnoître ici-bas. (*t*).

En effet le pouvoir sacerdotal est partout établi sur les fondemens les plus solides; il a pour lui les craintes & les espérances des hommes; l'éducation, l'habitude, l'ignorance & la foiblesse viennent continuellement à son secours & affermissent son empire. Cébes nous représente l'imposture comme assise à l'entrée de la porte qui conduit à la vie, & faisant boire à tous ceux qui s'y présentent la coupe de l'erreur. Cette coupe c'est la superstition; ses Ministres s'emparent des premieres années de la jeunesse, l'éducation des citoyens est par-tout confiée aux interpretes des Dieux; elle n'a pour objet que de les infecter de la contagion sacrée, de les prémunir contre les remedes afin de

(*t*) Les Prêtres dans les nations modernes ne portent point les armes; le Papisme (c'est-à-dire la secte la plus sacerdotale & la plus sanguinaire du Christianisme) a pour maxime que l'Eglise *abhorre le sang*; il est vrai que ses Prêtres ne le répandent gueres par eux-mêmes; ils ont communément à leurs ordres des Princes & des Magistrats qui les dispensent de cette peine; ceux-ci se trouvent trop heureux d'être les vils exécuteurs de leurs vengeances divines. Les Druïdes, chez les Gaulois & les Germains, exécutoient les criminels & les immoloient aux Dieux. Les Prêtres du Paganisme & du Judaïsme étoient de vrais bouchers, que leurs sacrifices dégoûtans devoient familiariser avec la cruauté.

les mettre pour la vie fous la dépendance
de leurs Charlatans fpirituels. Ainfi dès
l'enfance l'homme s'accoutume à ne rien
voir de fi grand que fon Prêtre ; les premiers foins des inftituteurs de la jeuneffe
fe bornent à lui infpirer un attachement
fervile pour des chimeres utiles au facerdoce, une foumiffion profonde à fes ordres, une confiance aveugle dans fes décifions, un refpect infenfé pour fes Myfteres, une averfion très-forte pour la raifon.
Ces Inftituteurs fentent que c'eft dans un
âge tendre & dépourvu d'expérience qu'il
faut femer les idées fur lefquelles l'importance du facerdoce doit un jour fe fonder.
C'eft ainfi que dans tous les pays les Prêtres
fe forment une pépiniere d'efclaves, qui dans
l'âge mûr feront prêts à embraffer leur caufe, à feconder leurs paffions & à produire
les révolutions qu'ils fe croiront intéreffés
à exciter. Par l'effet d'une politique in-
fenfée l'éducation n'eft que l'art de faire
des fuperftitieux, des fanatiques & de mauvais citoyens. (v)

(v) Nos deux Univerfités d'*Oxford* & de *Cambridge*
jouiffent, comme on fçait, de revenus immenfes, qui
vont, dit-on, à près de 200000 livres fterlings ; cependant perfonne n'ignore que ces deux Ecoles font dans des
principes très-oppofés aux intérêts de notre nation & font
des pépinieres de *Jacobites*, ou d'Efclaves.

La vénération des peuples pour les Miniſtres de la Divinité ne fut jamais ſtérile; ils ne tarderent point à combler de préſens, de donations & de récompenſes les favoris du ciel, aux inſtructions, aux interceſſions & aux importans ſervices deſquels ils s'imaginerent qu'étoit dûe la prospérité des Etats. Il ne faut donc point s'étonner des richeſſes qu'en tous lieux la ſuperſtition généreuſe des Monarques & de leurs ſujets accumula de ſiecles en ſiecles ſur les Prêtres, dont les ſacrifices, les prieres, les méditations, que dis-je! dont l'inaction & l'oiſiveté furent regardés comme les cauſes de la faveur du Très-Haut. On crut enrichir Dieu lui-même en comblant ſes amis, & ſes ſerviteurs, d'honneurs, de pouvoir, de bienfaits, & en les faiſant nâger dans l'abondance. On ne vit rien de plus légitime que de les faire vivre dans une ſplendeur qui répondît à la dignité du maître qu'ils ſervoient. (w).

(w) La plupart des Monaſteres que l'on trouve en Europe, ainſi que ceux qui ſubſiſtoient dans notre Iſle avant la Réformation, ont été fondés dans des ſiecles d'ignorance & de ſuperſtition par des ſcélérats puiſſans, qui après avoir vécu comme des Tyrans & des bêtes féroces, croyoient racheter leurs péchés en dotant richement des Prêtres faineans. Parmi nous, Offa, Prince Saxon très-méchant, s'eſt ſur-tout diſtingué par les riches Donations qu'il a faites à l'Egliſe. L'Empereur Conſtantin, qui fut un ſcélérat, fut le plus grand bienfaiteur du Clergé Chrétien; en récompenſe le Clergé le montre comme un Saint.

L'oisiveté tranquille, abondante & ho-
norée dont les bienfaits des Rois & des
peuples firent jouir le sacerdoce, lui procu-
ra le loisir de méditer ; une vie dégagée
de soins & de travaux dut être favorable
à la rêverie: la Divinité fut, sans doute,
le principal objet de celle des Prêtres qui
lui devoient leur existence, la considéra-
tion, les richesses dont ils jouissoient. Il
fallut s'en occuper, afin de prescrire aux
peuples ce qu'ils devoient faire & penser ;
mais comment s'accorder sur les choses qui
regardent un objet si vague que la Religion & que tous les hommes sont forcés de
voir si diversement? Il n'y eut donc aucune harmonie entre les systêmes que firent éclore les contemplations sacerdotales ;
ils furent sujets à des contestations éternelles ; on ne put jamais convenir de rien,
& la force seule fut capable de terminer
les querelles. Les Ministres de la superstition raisonnerent & disputerent toujours entre eux sur le Dieu qu'ils annonçoient aux mortels, sur ses attributs, sur
la façon d'entendre ses oracles, sur le culte
qui lui plaisoit le plus, sur sa façon d'agir,
&c; ces objets prirent dans les esprits des
modifications peu uniformes ; les Prêtres,
uniquement d'accord sur la nécessité de
proscrire la raison, ne purent convenir

d'aucun autre point, & leurs vaines hy-
pothèses ne préfenterent en tout tems
qu'une mer de conjectures & d'incertitudes, dans laquelle l'efprit humain fut forcé
de fe perdre. La vanité, l'intérêt, l'en-
têtement font les vraies fources des fectes,
des héréfies & des divifions entre les
Prêtres. Les brigands fe battent communément quand il s'agit de partager le
butin.

Ces inconvéniens euffent été peu fâcheux fi les querelles du facerdoce, ré-
fervées aux hommes de cet ordre, n'euffent point intéreffé le repos des nations ; mais rien de ce qui regarde le
ciel ne doit être indifférent aux mortels,
ainfi les Souverains & les fujets fe crurent indifpenfablement obligés de prendre part aux difputes de leurs guides fpirituels ; ils fe feroient fait un crime de refter
les fpectateurs indifférens de leurs combats ; ils crurent qu'il s'agiffoit de leur
propre bonheur, tandis qu'il ne s'agiffoit
que de l'ambition des Prêtres, de leur
vanité puérile, & de leurs offrandes.
On fuppofa follement que le bien-être des
Etats devoit néceffairement dépendre de
leurs opinions. Des mots inintelligibles
pour ceux-mêmes qui les avoient inventés, des explications arbitraires, des céré-

monies ridicules, fuffirent en tout tems
pour faire naître le trouble ; le fang des
citoyens coula pour cimenter les fyftêmes
bizarres de quelques fourbes ignorans qui
jamais ne purent partager paifiblement entre eux les dépouilles des nations. Des
Souverains dévots fe crurent intéreffés à
faire valoir les opinions de leurs Prêtres &
à fe conformer à leurs vues, fe prêterent
lâchement aux paffions, à l'orgueil &
aux vengeances des plus indociles & des
plus inutiles de leurs fujets ; ils leur immolerent de gaieté de cœur des hécatom-
bes humaines ; ils devinrent les protecteurs
de leurs folies, les champions de leurs querelles, les miniftres de leurs paffions,
les perfécuteurs, les bourreaux d'un
grand nombre de citoyens utiles, vertueux & tranquiles, dont tout le crime
confiftoit à refufer de fe foumettre aux décifions hautaines, aux cérémonies capri-
cieufes, aux opinions étranges qu'un facerdoce arrogant vouloit leur impofer.
L'humanité eft révoltée à la vue des vexa-
tions, des profcriptions & des maffacres
que l'ambition, l'orgueil & l'opiniâtreté
des Prêtres a produits dans ce monde ; la
raifon eft interdite & confternée en par-
courant les annales de ces hommes révérés
qui, couverts de l'Egide de la Divinité,

ont depuis des milliers d'années inquié-
té, perfécuté, exterminé les malheureux
habitans de la terre, & qui furent con-
ftamment les fléaux des Souverains & des
fujets.

De fiecle en fiecle on vit fortir du fein
de l'Ordre facerdotal des fpéculateurs extravagans, qui prétendirent avoir fait de
nouvelles découvertes fur la Divinité & fes
voyes; ils ne firent que diverfifier les erreurs & les rêveries du genre humain, &
les Nations payerent de leur fang les fyftêmes inconcevables qu'ils leur annonçoient
comme les objets les plus intéreffans pour
elles. Les peuples ne furent jamais que
des inftrumens aveugles & vils de leurs
Prêtres, qui les enivrerent de leurs propres paffions, de leurs délires ou de leurs
impoftures; ils fe crurent trop heureux
de périr pour une fi belle caufe; ils ne
s'apperçurent jamais que ce qu'on leur
donnoit pour des oracles de Dieu n'étoit
véritablement que les folies de quelques
mauvais citoyens, enthoufiaftes, opinia-
tres, ambitieux & fourbes.

De toutes les voyes que le facerdoce a
fuivies pour retenir les peuples fous le
joug, il n'en fut point de plus efficace que
l'ignorance, le mépris de la raifon & cet
abrutiffement honteux où toujours il s'ef-

força de les plonger & de les retenir. Si
les Miniſtres des Dieux furent jamais d'accord ſur quelque choſe, ce fut dans le projet d'aveugler ceux qu'ils voulurent guider.
Le premier de leurs principes fut toujours
de décrier la raiſon, d'en interdire l'uſage,
de la ſoumettre à leur propre autorité. Il
faut au ſacerdoce des eſclaves qui ne voyent
que par ſes yeux. Si en cela il conſulta
ſes propres intérêts, il fit au genre humain
une playe profonde & incurable; celui-ci
ayant une fois appris à ſe défier de la ſeule
lumiere que la nature lui ait donnée pour
diſtinguer le vrai du faux, le bien du mal,
l'utile de ce qui eſt nuiſible, ne connut
plus d'autre régle que l'intérêt de ſes Prêtres, & ſe porta au crime avec ardeur
toutes les fois qu'ils l'ordonnerent.

Ceſſons donc d'être ſurpris des obſta-
cles que le ſacerdoce mit en tout tems aux
progrès des connoiſſances humaines, de la
haine invétérée qu'il voua à la Philoſo-
phie, & des perſécutions qu'il ſuſcita dans
tous les ſiecles contre ceux qui voulurent
inſtruire, éclairer, détromper leurs concitoyens, les arracher à la ſuperſtition pour
les ramener à la raiſon. Les vrais amis
du genre humain trouverent toujours dans
les Prêtres des ennemis implacables, qui
à force de clameurs ou de violences é-

toufferent les plaintes de la fageffe & de
la liberté outragées. Leur amitié n'eft
réfervée que pour les complices de leurs
finiftres projets, ou pour des ames ab-
jectes qui auront pour leurs ordres une
obéiffance refpectueufe, faite pour tenir
lieu de talens & de vertus. (x). Tout
homme qui penfe, ou qui fait penfer les
autres, eft l'ennemi naturel de tous ceux
dont le pouvoir n'eft fondé que fur l'ab-
fence totale de la réflexion. Les fiecles
les plus avantageux au facerdoce furent
ceux où les nations abruties & barbares
ne virent que par les yeux de leurs Prêtres; ces tems heureux furent pour eux des
fiecles d'or; ce fut dans ces tems de téné-
bres & de fuperftition que l'on vit des Pontifes hautains fouler aux pieds les têtes des
Monarques avilis, leur ordonner infolemment de defcendte du Trône, foulever les
peu-

(x) Socrate mourut la victime des Prêtres; Ariftote fut
obligé de fe condamner à un exil volontaire parce qu'Eu-
rymédon Prêtre de Cérès l'accufa d'impiété. Descartes
fut forcé de s'expatrier &c. Mahomet fe vantoit d'être le
Prophête fans lettres. Omar fon fucceffeur fit brûler la
Bibliothèque d'Alexandrie. S. Grégoire Pape détruifit autant qu'il put tous les ouvrages des anciens. De tout tems
la fuperftition & la politique ont déclaré une guerre éternelle à tous les auteurs & aux livres qui pouvoient éclairer
les hommes. S. Paul nous met en garde contre la fcience
qui, felon lui, n'eft propre *qu'à enfler,* c'eft-à-dire, à donner du reffort aux efprits.

peuples contre les Princes affez hardis pour leur défobéir, enfin attirer dans leurs tréfors les richeffes & la fubftance des peuples, réduits à l'indigence pour enrichir les favoris de leur Dieu. (y)

L'abus fuit toujours le pouvoir, & la licence eft la compagne fidele de l'impunité ; le Prêtre, regardé par tout comme l'organe du ciel, ne fut jamais celui de la raifon ; l'orgueil, l'avarice, la vengeance, la fourberie dicterent continuellement fes arrêts ; quand le pouvoir facerdotal fut une fois établi, la Divinité ne fut plus occupée que du foin d'étendre l'autorité de fes ferviteurs, d'augmenter leur confidération & leurs richeffes, de menacer & de détruire tous ceux qui eurent la témérité de leur réfifter. Que dis-je ! la bonté des Dieux s'occupa même de leurs plaifirs ; en plufieurs pays la proftitution fut ordonnée en leur

---

(y) Alexandre III. Pape mit le pied fur la gorge de l'Empereur Frédéric Barberouffe. Le même Pape fit fouetter le Roi d'Angleterre Henri II. Le Pape Céleftin III. fe fit mettre une couronne entre les pieds & la pofa ainfi fur la tête de l'Empereur Henri VI. qui fe tenoit à genoux devant lui ; il la renverfa auffitôt pour lui apprendre ce qui lui arriveroit s'il n'étoit pas foumis au Saint Siege. Samuël dépofa Saül, qu'il avoit fait Roi d'Ifraël, & donna fa couronne à David. Les Evêques François dépoferent Louis le Pieux dans un Concile tenu à Soiffons. Le Grand-Prêtre de Congo eft en droit de dépofer le Souverain du Pays. &c. &c. &c.

G

nom; les abominations les plus étranges furent couvertes du manteau de la Divinité; les hommes ne raisonnent plus & se
soumettent à tout dès qu'on leur impose le
silence en son nom. (z).

En un mot si l'ambition des Rois dé-
pouilla le sacerdoce des apparences de la
souveraineté, il lui resta toujours un pouvoir assez grand pour en imposer aux Monarques eux-mêmes; ceux-ci furent obligés de trembler devant des hommes assez
puissans pour les précipiter du trône, pour
armer les peuples contre eux, pour rendre
leurs projets inutiles. Dans presque tous
les pays de la terre les souverains pour régner eurent besoin de l'attache de la Religion; les peuples ne virent communé-

(z) Chez les Babyloniens la Religion vouloit qu'une fois
dans sa vie chaque femme allât se prostituer dans le temple d'Astarté. Les mysteres des Payens n'ont été très-sou-
vent que des scènes d'impudicités. Le Pontife de Cali-
cut a le privilege de déflorer pour son Dieu la femme du
Souverain. Chez les Nègres le serpent qu'ils adorent choi-
sit parmi les filles du pays celles qu'il veut honorer de ses
embrassemens. Par-tout où les Prêtres ont du pouvoir,
leurs mœurs ne tardent pas à se corrompre. Chez les
Juifs, les Prêtres enfans d'Héli *dormoient avec les femmes
qui venoient invoquer le Seigneur à l'entrée du Tabernacle.*
Les Prêtres Espagnols & Portugais vivent, comme on
sait, dans la plus grande licence, sans que les maris jaloux osent trouver à redire aux débauches que ces guides
spirituels commettent avec leurs femmes. Chez les Pa-
pistes la confession auriculaire fournit aux Prêtres mille
moyens de corrompre les femmes.

ment dans leurs Princes temporels que des hommes profanes, peu faits pour leur commander, à moins que la Divinité n'eût par la voix de ses ministres annoncé qu'elle approuvoit leur choix ; ceux-ci par des cérémonies donnerent leur sanction à la Royauté & rendirent les Rois plus respectables aux yeux des Nations. (aa)

Ces réflexions nous montrent la vraie source du pouvoir que l'Ordre sacerdotal sut toujours conserver, de l'aveu même des Souverains temporels. La force de l'opinion est plus grande que celle des Souverains les plus absolus : les Princes se croient obligés de plier le genou devant les Prêtres, de fermer les yeux sur leurs

(aa) La Cérémonie du sacre des Rois, regardée comme si nécessaire chez quelques Peuples, est une marque indubitable de leur dépendance du sacerdoce ; elle annonce au peuple que la Divinité consent à son choix & le ratifie ; cet usage, établi chez les Hébreux, subsiste encore parmi nous. Le Roi d'Ethiopie est obligé d'être aggrégé au sacerdoce pour parvenir à la couronne. Le Sultan des Turcs reçoit du Muphti le droit de commander aux Musulmans ; ce Prêtre lui ceint le cimeterre. Platon dit qu'en Egypte on choisissoit d'abord les Rois parmi les Prêtres ; quand par la suite on faisoit choix d'un homme de guerre il étoit aussitôt aggrégé à l'Ordre Sacerdotal. V. Plutarch. de Iside & Osiride. La même chose se pratiquoit en Perse ; les Rois étoient initiés parmi les Mages. V. Prideaux. On assure que l'Empereur d'Allemagne a le droit de faire les fonctions de Diacre lorsqu'il assiste à la Messe célébrée par le Pape. Les Empereurs Romains prenoient le titre de Souverains Pontifes.

G 2

excès, de laiffer leurs crimes impunis, &
fouvent même de leur donner un pouvoir fatal au refte de leurs Etats. En
effet dès que les Miniftres du ciel font
armés du pouvoir, ils ne tardent point à
devenir les plus infupportables des Tyrans. Dans les contrées où régne la
fuperftition le Prêtre eft ombrageux &
cruel ; fon interet exige qu'il foit inhu-
main & impitoyable ; il s'arroge le droit
de fouiller dans la penfée, parce que c'eft
là que fon empire doit fe fonder : ennemi
de la liberté de penfer il ne doit jamais la
tolérer ; les difcours les plus équivoques
font faits pour allarmer fes foupçons ; toujours en défiance il doit éteindre avec
célérité le germe des lumieres qui pour-
roient éclairer fes impoftures ; fon intérêt
veut qu'il détruife tout ce qui lui fait
ombrage ; lui devenir fufpeçt eft déjà un
crime affez grand pour mériter la mort,
(*bb*) La pitié, la juftice, l'indulgence fe-

___

(*bb*) La Jurifprudence de l'*Inquifition* n'a pour objet que
de trouver des coupables ; d'où l'on voit que la Jurifprudence differe des loix civiles, qui font communément favorables à l'accufé. Elle n'eft pas moins contraire à la juftice naturelle qui veut qu'on laiffe plutôt échapper un cou-
pable que de punir un innocent. Le tribunal infernal de
l'Inquifition fut inventé par le Pape & le Clergé Romain,
mécontens du peu de zèle que les Princes féculiers montroient contre les Ennemis de l'Eglife.

roient des qualités nuifibles aux intérêts de ces fourbes, dont l'exiftence, la confidération & le pouvoir font attachés à l'ignorance de leurs concitoyens; leur politique leur commande d'étouffer la fenfibilité & le remors; il faut que les miniftres d'un Dieu colere foient terribles comme lui : dès que le Prêtre eft méprifé, fon idole ne tarde point à l'être, & fon temple eft défert.

Telles font les maximes que les miniftres de la Divinité mettent en pratique dans les Etats, où la ftupidité religieufe des peuples & où la politique fauffe & barbare des Souverains laiffent au facerdoce le droit de juger dans fa propre caufe. La vie de chaque citoyen eft à la merci de quelques Tyrans impitoyables, qui vigilans & environnés de délateurs, détruifent fouvent fur des foupçons légers tous ceux qui leur font fufpects. Du confentement des Rois, des prétendus Peres des peuples, ces monftres difpofent infolemment des biens, de la perfonne & du fang de leurs fujets qu'ils immolent à leur propre fûreté. C'eft ainfi que nous voyons les miniftres d'un Dieu, que l'on dit humain & rempli de bonté, régner par les prifons, les tortures & les flammes, & répandre dans les efprits une fombre

G 3

terreur, qui avilit les peuples, qui les rend
inhumains, qui brife en eux tout defir de
s'inftruire. Mais qu'importe à la fuperftition que les peuples foient humains, indu-
ftrieux ou fortunés, que les Etats foient
floriffans & peuplés, que les Royaumes
paffagers de la terre jouiffent de l'abondance
& de la confidération, que les fciences,
l'activité & la puiffance leur donneroient?
Les intérêts du ciel font-ils faits pour céder à des vues fi frivoles? Qu'importe au
facerdoce que les peuples foient pauvres,
affamés, ignorans pourvu qu'il foit lui-même opulent & refpecté?

Le Prêtre & le Tyran ont la même politique & les mêmes intérêts; il ne faut à
l'un & à l'autre que des fujets imbécilles
& foumis; le bonheur, la liberté, la prospérité des peuples leur paroît inquiétante;
ils fe plaifent à régner par la crainte, la foibleffe & la mifere: ils ne fe trouvent forts
que lorfque ceux qui les entourent font
énervés & malheureux. Tous deux font
corrompus par le pouvoir abfolu, la licence
& l'impunité; tous deux corrompent, l'un
pour régner & l'autre pour expier; tous
deux fe réuniffent pour étouffer les lumieres, pour écrafer la raifon & pour é-
teindre jufqu'au defir de la liberté dans le
cœur des hommes.

Tels sont les véritables traits sous lesquels dans tous les âges, dans tous les pays, dans toutes les superstitions le sacerdoce s'est montré. On pourroit le définir une ligue formée par quelques imposteurs contre la liberté, le bonheur & le repos du genre humain. Le mensonge, la terreur, l'ignorance & la crédulité furent les vrais soutiens de son pouvoir; le désir de dominer, l'avarice, l'orgueil, la vengeance furent ses vrais mobiles; quelquefois sa politique fut obligée de se prêter aux circonstances & de déroger à ses propres idées. Le Prêtre fut un vrai Protée; tantôt il voulut séduire ou éblouir les peuples par sa douceur, sa modération, son désintéressement, sa pauvreté, sa tempérance, son aversion pour les plaisirs, enfin par ses mortifications & ses austérités; tantôt il frappa leurs yeux par de prétendus miracles, par des oracles du ciel, par des extases, des visions, des inspirations, des prophéties; tantôt il leur en imposa par son pouvoir, son luxe, ses richesses, par la pompe de ses cérémonies; mais sous quelque forme que le sacerdoce se soit montré, son projet fut toujours visiblement de tromper & d'asservir les mortels: ses membres tantôt enthousiastes, fanatiques & dupes de leur propre imagination, n'en furent que plus propres à rendre les peuples complices de leurs folies; tantôt hypocrites & fourbes ils méprisèrent au fond du cœur les Dieux qu'ils annoncèrent, & se moquèrent de la simplicité des malheureux qu'ils dépouilloient & trompoient. L'habitude de mentir les identifia avec l'imposture; l'intérêt les força toujours à détester la vérité, l'impunité les enhardit aux plus affreux attentats. Dépourvus souvent eux-mêmes de lumières & de raison, ils substituerent à la vraie morale une foule de cérémonies, d'expiations, de dogmes & de pratiques avantageuses pour eux seuls; ils mirent des systêmes & des opinions à la place des actions; les Dieux complices & fauteurs de leurs passions n'eurent d'autre fonction que de servir à couvrir leurs forfaits, à sanctifier leurs fraudes, à justifier leurs crimes, à les mettre à couvert de la vengeance publique. Les Rois & les peuples combattirent pour eux, prirent en main leur cause & se firent un devoir de soutenir la bonté de leurs ridicules décisions: ils ne s'apperçurent jamais que la Divinité qui parloit par leur bouche, souvent en contradiction avec elle-même, ordonnoit & approuvoit dans un tems ce qu'elle avoit défendu & condamné dans un autre. La haine, la discorde, la persécution & les furies évoquées des enfers par le pouvoir magique des ministres du ciel, se répandirent chez les peuples & bannirent de la terre l'affection, la justice, la concorde & la paix. En un mot on peut leur appliquer ce que Virgile dit des Harpies.

Tristius haud illis monstrum, nec sævior illis
Pestis & ira Deûm stygiis se se extulit undis.

C'est pour récompenser ces bienfaiteurs du genre humain que les nations aveugles ont accumulé des richesses & des honneurs sur ces dépositaires des volontés divines, qui ne furent jamais d'accord sur rien de ce que la Divinité demandoit des hommes. Les peuples se font réduits à la mendicité pour payer ces personnages révérés de leurs spéculations incertaines, de leurs prieres stériles, de leurs sacrifices superstitieux, de leurs opinions variables, de leurs subtilités inintelligibles, de leur obstination invincible, de leurs révoltes

G 5

& des défordres qu'ils excitoient dans les
Etats. Par les inventions facerdotales l'u-
nité des fociétés politiques fut rompue, les
peuples furent foumis à deux Légiflations
impoffibles à concilier; l'autorité des fouverains fut presque toujours en guerre avec
celle des Dieux, & lorsqu'elles fe réuni-
rent les fujets furent accablés. La morale
fut incertaine, celle de la nature ne put
jamais s'accorder avec celle des miniftres
inhumains de la Divinité. Enfin le bien
public devint le jouet continuel de quelques mauvais citoyens, qui prétendirent
ne tenir que du Ciel les biens que les Nations leur avoient accordés ou qu'ils en a-
voient obtenus par la fraude. Cependant
ces enfans ingrats déchirerent mille fois le
fein de la patrie. Tyrans dans le pouvoir
& factieux fous l'oppreffion, fuivant que
leurs intérêts l'exigeoient, on les vit armer tour à tour les mains des fujets contre
l'autorité légitime & cette autorité devenue tyrannique contre fes propres fujets.
Ces hommes céleftes eurent tantôt la
baffeffe de feconder les vues injuftes des
defpotes, ils flatterent ces lions, ils
nourrirent leur voracité, pourvu qu'ap-
privoifés par eux feuls, ils fuffent prêts
à détruire leurs ennemis. On les vit
tout permettre à la tyrannie fuperftitieu-

fe., & les peuples furent contenus ; mais lorsque des Monarques fages ont voulu diminuer leur pouvoir, contenir leur zêle deftructeur, fermer leurs bouches empoifonnées, les faire rentrer dans l'ordre, auffitôt les peuples furent allarmés, & foulevés ; la révolte, les affaffinats, le poifon, la trahifon vengerent le ciel des outrages que l'on faifoit à fes repréfentans. Ce fut communément au nom de Dieu & pour venger fa gloire que les plus grands forfaits fe font commis fur la terre. (cc).

La droite raifon & la faine politique nous prouvent que c'eft l'utilité qui devroit être la feule mefure conftante de l'attachement, de la reconnoiffance, des prérogatives & des récompenfes que chaque fociété doit accorder à fes membres ; mais cette utilité n'eft jamais que relative ; tant que les nations feront nourries dans la fuperftition, elles ne verront rien de plus utile pour elles que le culte de leur Dieu,

(cc). Combien de Princes maffacrés par le couteau facré ! l'Empereur Henri VI. fut empoifonné dans une hoftie confacrée par un Moine Dominicain. Ce Prince avoit eu le malheur de déplaire au Pape Clément V. Le Pape Sixte V. prononça devant fes Cardinaux l'Eloge du Moine qui avoit affaffiné Henri III. Roi de France. Baronius affure que le Miniftere du Pape eft double, que l'un confifte à *paître* & l'autre à *tuer*. Ces maximes font fort anciennes parmi les Prêtres : Samuël coupa lui-même le Roi Agag en morceaux.

& les perfonnages qu'elles regardent comme fes miniftres, fes organes, fes interpretes & fes favoris: ceux-ci, malgré tous
leurs excès, feront les plus chéris, les plus
confidérés, les mieux récompenfés, les plus
fidélement obéis; on croira que leurs crimes mêmes font approuvés du ciel, &
jamais on ne diftinguera le Prêtre de fon
Dieu, on ne confentira point que la puiffance profane réprime la puiffance facrée,
dont le reffentiment attireroit celui du Très-
Haut. (dd) Dans une nation fuperftitieufe
le Monarque ne fera jamais que le premier
efclave de la fuperftition ou de fes Prêtres; les intérêts de l'Etat feront forcés
de céder à ceux de la Religion où de
fes miniftres, & ceux-ci feront toujours
en droit d'être inutiles & nuifibles; ils re-
cueilleront des fruits où ils n'auront femé
que des ronces & des épines. Ils feront
récompenfés de leur oifiveté, de leur inu-

(dd) Ce ne fut jamais fans des peines incroyables & fans
un courage inflexible que les Souverains font parvenus à
mettre les Prêtres à la raifon. Les mots d'*immunités* & de
droit divin furent des barrieres que la politique n'ofa jamais franchir. Les immunités Eccléfiaftiques confiftent à ne
point contribuer comme les autres citoyens aux befoins de
l'Etat, & dans le droit de troubler impunément l'ordre de
la fociété. Le fameux démêlé de Paul V. Pape avec la
République de Venife, étoit fondé fur ce que le Sénat avoit
défendu aux Prêtres de faire de nouvelles acquifitions, &
vouloit punir un Moine pour avoir violé une fille d'onze
ans & l'avoir enfuite affaffinée.

tilité & même des troubles, des guerres & des révolutions qu'ils excitent si souvent au sein des nations.

Jusques à quand, Peuples aveugles, nourrirez-vous, carresserez-vous érschauf-ferez-vous des enfans ingrats qui vous dé-vorent ! Jusques à quand, victimes & dupes de vos foiblesses, souffrirez-vous dans vos murs des hommes étrangers à l'Etat dès qu'il faut le secourir & qui ne veulent être citoyens que pour l'appauvrir & le trou-bler ? Quels avantages réels la politique peut-elle se promettre d'un corps qui sub-siste aux dépens de la société, pour la-quelle il ne fait rien ? Ne vous lasserez-vous donc jamais de travailler, de vous réduire à l'indigence, de combattre pour entretenir l'ambition, le faste, l'avarice, l'obstination de quelques Prêtres hautains, qui en échange de votre sang & de vos trésors ne vous donnent depuis tant de siecles que des instructions insensées, des systêmes obscurs, des mysteres impénétra-bles, des cérémonies vaines, des prieres dont jamais jusqu'ici vous n'avez goûté les fruits ? Les sacrifices multipliés, les vœux fervens, les pratiques & les offran-des de ces prétendus médiateurs entre le ciel & vous ont-ils rendu votre destin plus doux? Ont-ils fait disparoître de vos

contrées les stérilités, les contagions, les
famines ? Ont-ils diminué, ou plutôt
n'ont-ils pas augmenté le nombre & les
fureurs de vos guerres? Leurs exhorta-
tions réitérées, leur morale si vantée vous
ont-elles vraiment éclairés sur vos devoirs,
vous ont-elles rendus plus humains, plus
justes, plus indulgens, plus sages? Vos
enfans, élevés par leurs soins, ont-ils été
plus soumis, plus reconnoissans, plus attachés, plus disposés à servir la patrie?
Ces interpretes respectables de la Divinité, autorisés à parler à vos Souverains,
les ont-ils rendus plus équitables, plus
actifs, plus vertueux? Ont-ils fait tonner
la vérité dans leurs oreilles endurcies?
Ont-ils brisé les chaînes de l'oppression,
de l'iniquité, de la tyrannie? Hélas!
bien loin de-là, ces hommes que vous
respectez n'ont fait que troubler votre raison, que vous rendre aveugles, qu'ap-
pésantir le joug affreux du Despotisme sur
vous.

CHAPITRE VI.

Alliance de la Tyrannie & de la Superstition.

LA foiblesse, l'ignorance, les vices. & la méchanceté des Princes les mirent presque toujours dans l'impossibilité de se passer des secours du sacerdoce; ils en eurent besoin pour tyranniser sûrement & contenir des sujets, que leurs caprices & leurs folies faisoient gémir sans cesse. Privés de lumieres & de talens, engourdis dans la molesse, endormis dans les grandeurs, trompés par la flatterie, & plus souvent encore emportés par des passions auxquelles ils n'avoient point appris à résister, les souverains ne connurent presque jamais leurs devoirs, les rapports nécessaires qui subsistoient entre eux & leurs sujets, les mobiles qu'il faloit employer pour les faire concourir aux vues de la politique, les intérêts qui les lioient à leurs peuples, les loix qui convenoient le mieux à leurs besoins. En un mot ils ignorerent presque

toujours en quoi confifte la vraie puiffance
d'un Etat, & la vraie grandeur d'un Souverain; il falut régner par le préjugé fé-
condé de la force; le caprice fut leur unique loi; un pouvoir fans bornes fut l'objet de tous leurs vœux; & devenus les ennemis les plus cruels de leurs peuples, il
falut chercher des moyens furnaturels pour
les contenir, pour les divifer, pour les
empécher de réfifter au mal qu'on leur faifoit éprouver, enfin pour éteindre dans
les cœurs l'amour du bien-être & de la liberté. Il n'y eut que la Religion qui pût
opérer ces miracles; c'eft à elle feule qu'il
appartient de triompher de la raifon, d'é-
touffer la nature & de rendre les peuples
complices des maux dont ils font accablés.
Par fon fecours les Souverains pour la plupart devinrent des Tyrans, & crurent n'a-
voir point à craindre les inconvéniens de
la Tyrannie.

L'expérience nous montre en effet que
les mauvais Souverains furent communément les fléaux des nations, les ennemis
de leur repos, les deftrueteurs de leur félicité, les fources véritables de leurs calamités. Rien n'eût été plus heureux pour les
Etats que d'avoir dans leur fein des citoyens privilégiés, refpeetables pour les
Ty-

Tyrans eux-mêmes, qui puſſent ſans danger leur annoncer la vérité, réprimer leur
licence par la crainte du Très-Haut, &
ſtipuler les intérêts du genre humain. Un
Emploi ſi noble ſembloit appartenir de
droit à des hommes qui ſe diſoient les organes d'un Dieu juſte & terrible. Combien ſe fuſſent-ils rendus chers à leurs concitoyens, déjà ſi prévenus en leur faveur,
s'ils euſſent voulu leur ſervir de rempart
contre l'injuſtice & la tyrannie! quelle
conſidération n'euſſent-ils pas acquiſe ſi,
au lieu de s'occuper d'inutiles rêveries,
ils euſſent avec vigueur prêché l'équité,
l'humanité, la paix, & s'ils euſſent appuyé
les droits du genre humain de l'autorité du
Ciel! Qui eût pu leur reprocher leur pouvoir, leurs prérogatives, leurs richeſſes,
s'ils en euſſent fait uſage pour le bien des
ſociétés, ou pour contenir ces fiers deſpo-
tes dont aucune force ſur la terre ne peut
arrêter les paſſions? Le Sage eût été en-
traîné à leur pardonner leurs erreurs, leurs
fables, leurs menſonges mêmes, s'ils s'en
fuſſent du moins ſervis pour effrayer ces
Monarques, que leur inexpérience, & leur
aveuglement tiennent, pour ainſi dire, dans
une enfance perpétuelle.

Hélas! ce ne fut point-là l'eſprit du ſa-

H

cerdoce : content d'obtenir pour lui seul les richeffes, la confidération, l'indépendance, il ne fe fervit de fes armes divines que pour contenter fes propres paffions ; il aima mieux, & trouva bien plus court de flatter les vices des Tyrans pour obtenir le crédit & la faveur; il les aida dans leurs efforts pour écrafer les peuples ; il affervit ceux-ci à leurs maîtres les plus indignes ; & les intérêts d'un vulgaire méprifé furent honteufement facrifiés à leur politique infenféé, à leur ambition, à leur avidité.

Le facerdoce privé, comme on l'a vu, du trône ne perdit jamais l'efpoir d'y remonter ; il ne fit que changer de batteries; les vices, les paffions, les folies des mauvais Princes leur rendirent les Prêtres utiles, & la fuperftition des Tyrans fournit aux Miniftres des Dieux les moyens de les tyrannifer eux-mêmes : ils régnèrent fur eux par leur foibleffe & leur crédulité, ils furent affurés par-là de régner fur leurs fujets. Ils encenferent donc la grandeur, ils eurent une lâche complaifance pour elle, ils fanctifièrent fes prétentions arrogantes, par-là ils encouragèrent fes excès, & bien loin de l'effrayer par les menaces de la Religion, ils promirent en fon nom des expiations faciles pour les crimes qui pou-

voient encore exciter les craintes & les remords du Despote effréné.

Ainsi le sacerdoce, pour son propre intérêt, sema de fleurs le chemin de la Tyrannie, soulagea ses scrupules, appaisa les
cris de sa conscience, la rassura contre le
ressentiment des peuples, & fit entendre
à ceux-ci que le ciel ordonnoit qu'ils souf-
frissent l'oppression sans murmurer. Par-là
les sujets furent livrés à leurs Despotes,
qui les traitèrent en esclaves, que les Dieux
n'avoient formés que pour contenter leurs
fantaisies. On fit parler ces Dieux, ils au-
torisèrent l'injustice, ils permirent la violence, ils prescrivirent aux nations de gémir en silence. En un mot les Rois devinrent des Divinités sur la terre, & leurs
volontés les plus iniques furent aussi res-
pectées que celles que l'on prétendoit éma-
nées de l'Olympe.

Ce fut sans doute en reconnoissance de
ces importans services que les Despotes devinrent les protecteurs & les appuis de la
superstition; il y eut presque toujours un
pacte entre eux & le sacerdoce; ils se li-
guèrent contre les peuples & rien ne put
résister à leurs efforts réunis. Les mauvais
Rois, les Tyrans, les Conquérans, tous
ces guerriers inhumains qui firent gémir la

terre fous le poids de leurs crimes éclatans,
tous ces Souverains voluptueux, indolens,
corrompus, dont les vices & les folies furent les vraies caufes des malheurs des nations; en un mot tous ces Princes ou foibles ou pervers qui furent les fources vifibles des malheurs, des ftérilités, des contagions, des famines & des guerres qui
défoloient les Etats, furent très-difpofés
à prêter l'oreille à des flatteurs qui, fans
gêner leurs paffions, expioient tous leurs
crimes, calmoient leurs inquiétudes, les
réconcilioient avec le ciel, & perfuadoient
aux peuples que c'étoient les Dieux qui
étoient les auteurs des maux, dûs aux extravagances cruelles ou à l'incapacité de
leurs chefs.

L'on mit donc fur le compte de la Divinité ce qui étoit vifiblement l'effet d'une ad-
miniftration inique & violente. Les mauvais fuccès des entreprifes les plus impru-
dentes, l'agriculture opprimée qui produifit des difettes, les campagnes dépeuplées
par la mifere & des extorfions fans nombre; des revers caufés par le défaut d'expérience & de talens, ne furent jamais
attribués à leurs véritables auteurs; on
calomnia les Dieux; on leur attribua ces
maux; ces événemens furent annoncés

comme des châtimens du ciel ; les nations, aveuglées par leurs idées religieufes, méconnurent la caufe évidente de
leurs défaftres ; elles ne virent jamais que
leurs infortunes étoient dues aux chefs
infenfés, à des confeils extravagans, à
des hommes fans vues qui décidoient de
leur fort ; follement perfuadées que leurs
maux venoient de la fureur du Très-
Haut, elles ne virent point qu'ils ne par-
toient que du trône fur lequel étoient fi
fouvent affis des hommes indignes de gouverner ; elles eurent, comme on a vu, la
fimplicité d'expier les crimes & les folies
de leurs Souverains, qui feuls étoient
coupables, & dont les fujets étoient déjà
les victimes habituelles. Il eft rare que le
ciel faffe longtems éprouver fa colere aux
peuples dont les chefs font juftes, éclairés, vigilans ; de tels Princes parviennent
bientôt à réparer ou fufpendre les injufti-
ces du fort. Plus les peuples font malheureux & les Souverains pervers, plus les
offrandes aux Dieux, les expiations & les
prieres deviennent néceffaires : les Prêtres
ont donc le plus grand intérêt à faire du-
rer la méchanceté des maîtres & la mifere
des efclaves. Le Prêtre n'eft jamais plus
heureux qu'au fein des calamités.

H 3

Auſſi la Religion & ſes miniſtres juſti-
fierent-ils preſque toujours les forfaits de
la Tyrannie ; ils aimerent mieux accuſer
& noircir les Dieux que d'offenſer les Tyrans : & comme par une fatalité trop commune les nations furent ſoumiſes pour l'ordinaire à des Princes peu dignes de commander, peu capables de rendre les peuples
heureux ; les calamités n'eurent point de
fin, les maux ſe perpétuerent. C'eſt ainſi
que le Deſpotiſme & la ſuperſtition s'ali-
menterent réciproquement ; les nations,
toujours infortunées par leurs gouvernemens, crurent le ciel conſtamment irrité ;
elles appaiſerent ſa colere, elles furent obligées d'expier, elles devinrent ſuperſtitieu-
ſes, pour faire ceſſer les maux que leur
faiſoit le deſpotiſme autoriſé par la ſuperſtition ; elles ne furent réconciliées avec
les Dieux que dans les intervalles très-
courts où des Souverains éclairés & raiſonnables permirent à leurs ſujets de reſpirer
& d'être heureux. (ee).

(ee) Dès que les nations éprouvent de grandes calamités
elles ont recours à des ſuperſtitions & leurs Prêtres y re-
médient par des prieres publiques dont ils ſont bien payés.
L'inutilité de ces vaines prieres n'en a point encore déſa-
buſé les peuples. Ce n'eſt point, diſoit Caton, avec des
vœux & des prieres qu'on obtient les ſecours des Dieux,
c'eſt en veillant, c'eſt en agiſſant, c'eſt en pourvoyant à
ſes affaires : quand on ſe livre à la pareſſe envain l'on

L'éducation que reçoivent, pour l'ordinaire, ceux que la naissance destine au trône les instruit bien moins des vrais devoirs
qu'ils auront un jour à remplir que des vaines chimeres de la Religion ; ainsi remplis
de préjugés, dépourvus de principes, é-
trangers à la saine morale, ignorant leurs
obligations, ils ont de la religion sans jamais avoir de la vertu. Les terreurs & les
menaces dont on effraye leur enfance sont
communément des barrieres trop foibles
contre la furie des passions qui les assaillent
dans l'âge mûr, c'est-à-dire, dans un tems
où le pouvoir & la flatterie les mettent à
portée de se satisfaire ; ils se livrent donc au
mal, & si quelquefois les remords les tourmentent, c'est bien plus pour des fautes légeres que la Religion leur grossit, que pour
des injustices affreuses, pour des omissions
criminelles, pour de coupables négligences
dont des nations entieres souffrent sans in-
termission. En effet quels sont les crimes
pour lesquels la superstition excite les re-
grets des Souverains ? ce sont des vices
causés par un tempérament fragile ; ce sont
des voluptés, condamnables, sans doute,
lorsqu'elles détournent un Souverain de

implore les Dieux, ils sont en colere, ils haissent, ils sont
fourds.

H 4

l'attention qu'il doit à ſes peuples, mais bien moins criminelles que des guerres inutiles, des rapines journalieres, des extorſions multipliées, des invaſions continuelles de la liberté & de la propriété de leurs ſujets.   On ne leur apprend point à rougir ou à gémir de leur condeſcendance funeſte pour des favoris indignes, ni même de ces brillans forfaits, par lesquels le ſang & les tréſors de leurs peuples ſont indignement prodigués.   La Religion ou ſes miniſtres ne leur reprochent point l'iniquité de leurs récompenſes, l'impunité dont ils laiſſent jouir ceux qui les approchent, l'injuſtice qui les guide dans la diſtribution des graces, les récompenſes qu'ils enlevent au mérite, à la vertu, pour les donner ſouvent au vice & à l'incapacité.   On ne leur fait point des crimes de leurs attentats éternels contre leurs voiſins; de cette affreuſe politique qui tend à tout écraſer & à tout envahir; de ces uſurpations violentes ou frauduleuſes qu'ils décorent du nom de conquêtes; de ces traités violés, ni de ces parjures qui les déshonorent.   Tels ſont pourtant les crimes que la raiſon condamne & dont les ſuites ſont funeſtes à des nations entieres; cependant nous voyons les Princes les plus dévots les commettre ſans ſcrupules, tandis que la transgreſſion de

quelque devoir fuperftitieux, l'omiffion
de quelque cérémonie futile excitent tous
leurs remords. Le facerdoce excufe & par-
donne aifément dans les Princes les fautes
qui influent fur la fociété, il les remet au
nom de la Divinité; il n'a point la même
indulgence quand il s'agit de fes droits prétendus ou de la transgreffion des devoirs
qu'il a lui-même inventés. Un Monarque
fuperftitieux croit n'avoir rien à fe reprocher pourvu qu'il n'ait omis aucune des
pratiques infenfées que la fuperftition lui
impofe; il eft fûr de laver par leur moyen
fes crimes les plus nuifibles & les outrages
les plus cruels qu'il fait à la morale & à
la raifon.

Les Souverains éclairés, équitables, vertueux, qui s'occupent férieufement du
bonheur de leurs peuples, n'ont point befoin
de la Religion pour régner, ni du facerdoce pour contenir leurs fujets, ni de leurs
expiations pour appaifer des remords; ils
favent que le premier de leurs devoirs eft
d'être juftes, que leur plus grande gloire
eft de faire des heureux; affurés de l'affection des peuples ils ne craindront point l'i-
nimitié des Dieux; guidés dans leurs démarches par un amour fincere du bien public, ils n'auront pas befoin que l'on trom-

pe des hommes dont ils font le bonheur
réel & actuel. Les Dieux, le facerdoce
& les fraudes religieufes ne font utiles ou
néceffaires qu'aux Princes qui n'ont ni la
volonté ni le talent de bien faire; des fujets opprimés, mécontens & malheureux
ont befoin d'être contenus par des preftiges; il faut les bercer de fables afin de les
endormir fur leurs peines. Des Souverains
foibles, ignorans & méchans, méprifés &
déteftés de leurs fujets, ont recours à l'autorité divine pour fe faire obéir & refpec-
ter; ils mandient les fecours du facerdoce
pour éblouir les peuples; il faut qu'ils les
trompent par un refpect réel ou fimulé
pour la Religion; & fi à leurs vices ils
joignent de la dévotion, ils croiront devoir appaifer la Divinité qu'ils offenfent
avec remords, & ils fe flatteront de la corrompre ou de la mettre dans leurs intérêts
par des baffeffes, par des préfens, par des
pratiques & des cérémonies, ou bien par
un zéle deftructeur, qui leur coûtent toujours bien moins qu'une conduite équitable, que des foins vigilans, que des vertus réelles.

Si nous examinons les chofes fans préjugé, tout nous convaincra que la Religion
ne fut inventée que pour fuppléer aux lu-

mieres, aux talens, aux vertus & aux foins
de ceux qui gouvernent les peuples ; incapables pour l'ordinaire de leurs fonctions
fublimes, peu inftruits des vrais mobiles
faits pour agir fur les hommes, nourris
dans une ignorance profonde de leurs véritables devoirs, endurcis par l'inexpérience de la mifere, enhardis par l'impunité à donner un libre cours à toutes
leurs paffions, entretenus dans tous leurs
vices par la flatterie, corrompus par le
luxe & la moleffe, & fans ceffe forcés de
recourir à l'injuftice pour contenter leurs
fantaifies continuelles & l'avidité de leurs
Courtifans, il fallut emprunter le fecours
des illufions pour éblouir & faire trembler
des peuples qu'ils n'avoient ni le pouvoir
ni la volonté de rendre plus heureux. Il
fallut que de tels Princes achetaffent par
des honneurs, des richeffes & des graces
l'alliance du facerdoce, qui fut toujours le
maître des paffions des hommes ; il fallut
fe fortifier de fon fecours pour anéantir la
raifon & le bonheur des fujets.

Voilà pourquoi la Religion fut de tout
tems regardée comme le plus puiffant des
refforts de la politique. Ariftote dit avec
raifon qu'un Tyran doit paroître inviola-
blement attaché au culte de fes Dieux, &
que fon zêle pour eux fert à écarter de

lui le foupçon d'injuftice. Cette maxime, adoptée par Machiavel, fut toujours fidélement fuivie par les Princes qui voulurent plus fûrement tyrannifer les peuples; les Rois les plus injuftes ne furent point les moins religieux. (*ff*) De concert avec le facerdoce ils attaquerent la liberté de leurs fujets, & parvinrent à élever leur pouvoir arbitraire fur les ruines de la félicité publique; le pouvoir abfolu ou la faculté de tyrannifer fut la récompenfe de leur lâche complaifance pour les Prêtres, de leur honteufe hypocrifie, ou de leur dévotion pufillanime.

Oui, je le répete, c'eft à la Religion feule que les mortels font redevables de l'affreux defpotifme qui régne par toute la terre, & qui fait l'objet des defirs de tous les Souverains du monde. Le Mahométan eft efclave, parce qu'il prend fes Souverains pour des Dieux. L'Efpagnol, l'Indien, le François & le Siamois, l'Africain & le Ruffe font des efclaves, parce qu'ils croyent que leurs chefs leur comman-

(*ff*) Perfonne ne fut plus dévot ni plus ami des Prêtres que Louis XI, Charles-Quint, Philippe II, Catherine de Médicis, la Reine Marie, Louis XIV, & Jaques II. Ce font affurément ces Princes qui ont fait le plus de mal à leurs fujets & à leurs voifins. Je crois qu'en général les nations n'ont point de plus grand fléau à craindre qu'un Defpote ignorant & dévot.

dent de droit divin. Le Briton feroit encore esclave, s'il n'avoit secoué le joug de ce honteux préjugé.

Tous les esclavages se tiennent ; les hommes accoutumés à déraisonner sur les Dieux, à trembler sous leur verge, à leur obéir sans examen, ne raisonnent plus sur rien. Persuadés que les Dieux font des Etres jaloux, cruels, méchans, à qui l'injustice est permise, ils se persuadent que leurs Rois jouissent des mêmes prérogatives. Les premiers Législateurs ou Souverains des nations furent, comme on a vu, des Prêtres, des Envoyés, des Représentans de la Divinité ; lorsque le pouvoir temporel fut arraché des mains de ces Prêtres - Rois ou de leurs successeurs, les Rois profanes trouverent les peuples déjà depuis longtems accoutumés au pouvoir absolu, & à l'obéissance la moins raisonnée ; ils continuerent donc à régner sur les mêmes principes que le sacerdoce, & à jouir d'un pouvoir illimité comme le sien : ou bien les Princes profanes s'apperçurent bientôt que, pour opprimer les peuples impunément, il falloit employer l'arme puissante de l'opinion, dont les Prêtres furent toujours les vrais dépositaires. Ceux-ci, en possession de commander à la crédulité des nations, établirent l'auto-

rité des Monarques fur là même bâfe que
la leur; ils les environnerent de l'éclat de
la Majefté Divine, ils les annoncerent
comme les Repréfentans & les images de
la Divinité, ils en firent des Dieux fur
terre, ils mirent les peuples à leurs pieds,
& parvinrent à leur perfuader que les hom-
més, auxquels ils confentoient d'obéir pour
l'avantage de la fociété, étoient des Etres
d'un ordre fupérieur, plus favorifés du
ciel, plus éclairés de fes lumiéres, qui ne
tenoient leur pouvoir que de Dieu feul,
qui n'étoient comptables de leurs actions
qu'à lui, & dont les ordres, comme les
fiens, ne devoient point trouver de ré-
fiftance.

Ainfi à l'aide de la fuperftition tout
Monarque devint un Dieu; fa nation à-
néantie devant lui ne fut plus rien; commander fut le partage de l'un, obéir fans
répliquer à fes ordres infaillibles fut le partage de l'autre. L'imagination ayant formé fes Dieux fur le modele des Rois abfolus & fouvent déraifonnables, la Religion
forma les Rois de la terre fur le modele de
fes Dieux; les Monarques divinifés furent
des Defpotes comme eux, ils reffemblerent
aux Etres qu'ils devoient repréfenter. Le
pouvoir & l'impunité firent naître en eux
la licence; leurs paffions & leurs caprices

furent sans-cesse écoutés ; la raison écrasée sous le poids du pouvoir religieux & politique n'osa plus se faire entendre ; la liberté fut bannie, l'opinion prit la place de la vérité, les erreurs religieuses influerent sur la Politique, & les nations, dupes de leurs superstitions, gémirent sans relâche des maux qu'elles se crurent obligées de souffrir en silence ; elles ne cesserent d'adresser des vœux fervens au ciel, & d'appaiser les Dieux pour les crimes que commettoient leurs licentieux Représentans : ceux-ci, contens de jouir d'un pouvoir que l'opinion rendoit inviolable & sacré, n'eurent besoin d'acquérir aucuns des talens & des vertus nécessaires au gouvernement ; les peuples devinrent les jouets de leurs fantaisies ou de celles des favoris qui gouvernerent pour eux.

Tels furent, & tels seront toujours, les effets de l'association cruelle que nous voyons subsister entre la Tyrannie & la Superstition ; ces deux fléaux se sont confédérés pour rendre les nations aveugles & malheureuses ; tous deux régnent par la terreur, par l'ignorance & l'opinion ; tous deux sont les ennemis jurés de la raison humaine & de la vérité ; tous deux se donnent un appui réciproque : la superstition égare, enivre les esprits, la tyrannie les subjugue

& les terraſſe; la premiere juſtifie les excès de la ſeconde; l'une fait expier aux
peuples les crimes qu'elle permet à l'autre;
l'une fait regarder ce monde comme un
paſſage où les mortels ſont deſtinés à gémir, afin que l'autre y puiſſe librement exercer ſes ravages. En un mot nous voyons
par-tout que le Prêtre fait trembler &
déſarme le ſujet, afin que le Deſpote le
dépouille impunément. (gg)

Si les Souverains n'avoient pas trop
communément une volonté permanente de
nuire à leurs ſujets, de les dépouiller, de les
aſſervir, ils n'auroient pas un beſoin continuel de ſe liguer avec des impoſteurs, ni
de partager avec eux l'autorité ſouveraine
& les dépouilles des nations. Mais quand
un Prince ignore ſes véritables intérêts,
quand plongé dans la moleſſe il n'a jamais
ſongé à ſes devoirs, quand enivré d'encens
il s'eſt accoutumé à ne voir aucune de ſes
paſſions contredite; quand il n'a jamais appris ni ce qu'il doit à des hommes ni l'art
de

(gg) L'Empereur Juſtinien établit le premier un Inquiſi-
teur contre les Hérétiques, afin de s'approprier leurs biens.
Voyez Procopii hiſt. arcana. Ferdinand V. Roî d'Arragon
érigea en 1484. le tribunal de l'Inquiſition en Eſpagne, en
Sicile & en Sardaigne, afin d'avoir un prétexte pour s'em-
parer des biens des Maures & des Juifs, ſans avoir l'air
d'un Tyran.

de les gouverner; quand il se croit intéressé à opprimer des êtres amoureux de la liberté; il est nécessairement forcé de les plonger dans l'ignorance, de les retenir dans leurs préjugés, & de se servir des phantômes que l'erreur a placés dans leur imagination pour troubler leur entendement, pour les effrayer, pour les rendre complices du mal qu'il veut leur faire, & pour les empêcher de s'élever contre un pouvoir qui les accable. La Religion, je le répete, ne semble faite que pour dispenser les Rois d'acquérir les connoissances nécessaires pour régner; la protection supposée de la Divinité suffit pour les faire respecter des malheureux qu'ils écrasent; il est, sans doute, plus aisé de tromper les mortels que d'avoir la vigilance & les talens propres à les rendre heureux. Le Despotisme est de toutes les manieres de gouverner la plus facile; il faut des soins, des lumieres, des vertus pour gouverner suivant les régles de l'équité, il ne faut que de la force dans le Monarque & de l'ignorance dans les sujets pour gouverner d'après le caprice.

Il est donc aisé de voir pourquoi la superstition, si favorable aux vues ambitieuses & à l'incapacité des Princes, en fut

I

toujours chérie & protégée, au point même de faire souvent d'un grand nombre
d'entre eux les persécuteurs & les bourreaux d'une portion de leurs sujets fideles,
& les vils inftrumens de la vengeance de
leurs Prêtres. Des Souverains crédules,
ambitieux, avides, furent fans doute
intéreffés à foutenir une Religion qui
leur donnoit le droit d'exercer la tyrannie, en les mettant à l'abri de fes conféquences. Leurs efprits rétrécis, leurs â-
mes lâches & cruelles, leur ivreffe continuelle les empêcherent de voir que le Des-
potifme eft un vautour qui fe déchire lui-
même, & qui finit toujours par périr des
bleffures qu'il fe fait; leur peu de fagacité
ne leur permit point de lire dans l'avenir
les fuites de leurs paffions momentanées;
ils ne virent point que ce pouvoir énorme
que la fuperftition plaçoit dans leurs mains
ne leur procuroit que pour un tems le fu-
nefte avantage de commander à des forçats
mécontens & malheureux, que la même
fuperftition pouvoit à tout moment dé-
châiner & foulever contre eux: ils ne fentirent pas qu'un peuple fuperftitieux, rendu furieux par l'excès de fes maux, devient
fouvent un animal féroce, qui à la voix
d'un Prêtre fanatique eft prêt à s'élancer
fur le conducteur rigoureux qui le tient

dans fes fers ou qui a provoqué fa fureur :
enfin ces Politiques infenfés ne virent point
que par-tout où le Prêtre a du pouvoir,
le Souverain n'eft jamais que fon premier
fujet, fon fatellite, l'exécuteur de fes
arrêts ; ils ne virent point que les peuples
ne font foumis à l'autorité civile qu'autant
que celle-ci l'eft à l'autorité fpirituelle ;
que le bien-être de l'Etat & fes intérêts les
plus chers font fubordonnés aux principes
du facerdoce & de la Religion ; que les
abus ne peuvent être retranchés parce qu'ils
font devenus facrés ; que le Defpotifme
Religieux & Politique prive les nations de
raifon, de vertus, de fcience, de forces,
d'activité, d'induftrie ; & que dès que la
fuperftition domine, tout tombe dans la lan-
gueur, dans le découragement, dans la
mifere. Dans un pays fuperftitieux il n'y
a que le Prêtre qui foit puiffant & confidé-
ré ; dans un pays foumis au brigandage des-
potique, le Tyran n'a de pouvoir que celui que le Prêtre lui laiffe ; l'union de leurs
forces écrafe les peuples fans reffource,
leur défunion finit toujours par être fatale
au Defpote.

Plus une Religion dégrade l'homme,
plus elle convient aux fujets d'un Tyran ;
tout Prince qui voudra tyrannifer impu-

nément doit régner par les Prêtres &
les mettre dans ses intérêts. (*hh*) Le Despotisme est l'ouvrage de la Superstition,
mais elle le détruit dès qu'il cesse de vouloir se laisser guider par elle. Il ne fallut
pas moins qu'une dégradation totale de
l'espece humaine, un abrutissement honteux, un renoncement complet à la nature
& au bon sens, pour que l'homme, qui
par essence desire le bien-être, consentît à
se laisser opprimer, souffrît qu'on arrachât
de ses mains le fruit de son travail, per-
mît à des hommes comme lui de disposer
de son sang, de ses biens, de sa liberté, de
sa personne, sans qu'il en résultât aucun
avantage pour lui-même. C'est à la Religion que ce miracle fut réservé ; les fables
atroces qu'elle débita sur le compte de ses
cruelles Divinités persuaderent à l'homme
qu'en ce monde le bonheur n'étoit point

(*hh*) On sait que dans notre isle le haut Clergé fut toujours favorable aux prétentions extravagantes de la Couronne. La haute Eglise a presque toujours prêché la doctrine
de *l'obéissance passive*, de la *non-résistance*, du *droit divin*
des Rois. Nos Universités d'Oxford & de Cambridge furent toujours dans le parti de la maison de Stuart. Jac-
ques II. n'eût peut-être point été chassé, s'il n'eût pas
offensé les Evêques. Mais le Clergé ne reconnoît plus le
droit divin des Rois, quand les Rois lui en font éprouver
les effets ; pour lors il crie bien fort, d'être traité comme
il mérite.

Neque enim Lex æquior ulla est
Quam necis artifices arte perire suâ.

fait pour lui, & que les décrets de la Providence vouloient qu'il y souffrît. Les menaces du sacerdoce lui firent craindre de travailler à son bien-être, & lui oterent même la pensée de résister aux maux qu'on lui faisoit éprouver; les espérances vagues dont on reput son imagination lui firent oublier ses infortunes présentes; on lui montra dans l'avenir des récompenses qui dévoient amplement le dédommager de ses peines. L'éducation l'accoutuma dès l'enfance à porter le joug; l'habitude lui rendit ce joug nécessaire; la tyrannie le força de le porter toute sa vie; l'ignorance l'empêcha de connoître sa propre dignité & d'examiner les droits de ceux qui le fouloient à leurs pieds. C'est ainsi que la superstition rendit l'homme par-tout esclave des Dieux & des hommes. Le Despotisme est le présent funeste que le ciel fit à la terre; c'est lui qui fut la boëte de Pandore d'où les guerres, les pestes, les famines & les crimes sont sortis pour ravager notre triste séjour.

I 3

CHAPITRE VII.

De la corruption des mœurs & des préjugés introduits par le Despotisme & la Superstition.

Pour peu que nous ayons le courage de remonter aux vraies sources des choses, nous trouverons donc, dans la superstition, ou dans les erreurs sacrées du génre humain, l'unique cause des calamités morales qui les affligent, des mauvais gouvernemens qui les oppriment, des passions qui les tourmentent, des haines qui les divisent & de ces mœurs dont la corruption est presque devenue incurable, parce qu'on en a toujours méconnu les vrais remedes. Vouloir corriger les mœurs des hommes & les rendre plus sages sans changer leurs gouvernemens est un projet impossible ; ces gouvernemens dépravés sont fondés sur les notions dont la Religion les nourrit & les abbreuve dans l'enfance, que l'habitude enracine dans leurs esprits, que l'exemple confirme & fortifie, que le préjugé rend sacrées & inviolables,

& que la violence appuye & rend néceſſaires. Il faut donc détromper les hommes
de leurs erreurs religieuſes, qui influent
ſur la politique d'une façon ſi marquée, ſi
l'on veut les conduire au bonheur. La vérité, répandue peu-à-peu, les empêchera
d'attacher du prix à des préjugés dont ils
ſont les victimes; les intérêts de l'humanité bien connus feront diſparoître ces ani-
moſités & ce zêle furieux qui ne ſont propres qu'à troubler le repos des ſociétés :
une morale, dont les préceptes ne ſeront
point contredits par des Dieux méchans &
des Princes pervers, ramenera les ſujets à la
vertu ſans laquelle les Empires ne peuvent
être ni heureux ni puiſſans.

L'homme, comme on l'a dit, s'eſt fait un
Dieu de la même nature que lui-même,
mais cet Etre humaniſé ne fut point ainſi
que l'homme ſoumis à des devoirs : il
n'eut beſoin de perſonne, par conſéquent
il ne dut rien; il n'eut d'autre régle que
ſa volonté, il eut toujours la force de ſe
faire obéir, on reçut ſes bienfaits comme
des faveurs, on ſe ſoumit en tremblant
aux calamités les moins méritées, qu'on
crut venir de ſa part; même en le crai-
gnant on s'efforça de l'aimer malgré les
injuſtices, qu'on n'eut jamais le courage

d'ofer lui imputer. La Religion, qui fem-
ble faite pour renverfer toutes les idées,
ne permit jamais qu'on jugeât fes principes d'après les notions ordinaires ; les
hommes furent affez aveugles pour approu-
ver dans leur Dieu ce que la raifon les
forçoit de condamner dans leurs femblables. Ses proportions gigantesques éloig-
nerent ce Dieu, ou plutôt cet homme di-
vinifé, de tous les autres êtres de l'efpece humaine ; il eut pourtant comme l'homme des intérêts, des paffions, des fantaifies
& des vices, mais fa toute-puiffance lui
donna le privilége de les fatisfaire ; il n'eut
point de décence ni de mefures à garder
avec fes créatures ; quoiqu'il les eût formées
pour lui rendre leurs hommages, elles n'é-
toient point néceffaires à fa félicité ; quoiqu'elles l'offenfaffent à chaque inftant, elles
ne pouvoient point mettre des obftacles à
fes deffeins ; malgré fes promeffes formelles,
elles n'étoient point en droit de rien
exiger de lui ; fans crime elles ne pouvoient fe plaindre des afflictions non méritées qu'il lui plaifoit de leur envoyer.
Ainfi affervir Dieu à des régles, limiter
fon pouvoir, fe plaindre de fes caprices,
exiger qu'il eût de la raifon fut regardé
comme une révolte, comme un crime de
Léze-Majefté Divine, comme le plus

grand des attentats. La toute-puissance fut donc d'un côté, la foiblesse, la soumission, l'anéantissement furent de l'autre; les hommes durent tout à Dieu, celui-ci ne leur dut rien; les premiers furent liés, l'autre fut indépendant.

Cet Etre si peu moral devint pourtant le modele des Rois qui furent ses Représentans & ses images: indépendans comme lui, la société leur dut tout, sans qu'ils dussent rien à la société. Un petit nombre de mortels d'une espece privilégiée reçut donc de droit divin le pouvoir d'être injuste & de commander aux autres; ceux-ci, en faveur de leurs chefs se crurent forcés de renoncer au bien-être, de travailler pour eux seuls, de combattre & de périr dans leurs querelles; en un mot de se soumettre sans réserve aux desirs les plus extravagans & les plus nuisibles des maîtres que le ciel leur avoit donnés dans sa colere.

Par une suite de ces fausses idées l'art de régner ne fut plus que l'art de profiter des erreurs & de l'abjection d'ame où la superstition avoit plongé les peuples. La politique ne fut que l'art de contenir les nations même en les tyrannisant, en les immolant aux intérêts les plus faux. Dans

I 5

chaque Etat le gouvernement ne fut
qu'une ligue du Souverain avec un petit
nombre de sujets favorisés, pour tromper & dépouiller tous les autres. Par-
tout les Monarques armés du pouvoir public, seuls distributeurs des graces, maîtres
absolus de disposer des biens desirés par les
hommes, seuls à portée de faire naître les
desirs & possesseurs exclusifs de la faculté de
les satisfaire, firent germer dans les cœurs
de leurs sujets une foule de passions, telles que l'ambition ou la soif de la grandeur, l'avarice ou la soif des richesses, le
luxe, le faste, la vanité, & toutes ces folies qui naissent de l'envie ou de la compa-
raison fâcheuse de son état avec celui d'un
autre que l'on suppose plus heureux que
soi. (*ii*) Par-là les intérêts des Citoyens se
diviserent; chacun d'entre eux fut le rival
& l'ennemi de tous les autres; plaire à la
puissance souveraine fut le suprême bonheur, l'unique but des efforts de tous ceux
qui purent en approcher ; la jolousie im-
puissante, la foiblesse & la misere tourmen-

(*ii*) Le Luxe, qui est la cause de la destruction des E-
tats, & qui fait fouler aux pieds toutes les vertus, prend
sa source dans des cours corrompues, dont chacun veut
prendre le ton. Il y a plus de luxe dans les pays despotiques que dans les pays républicains, qui ont une idole
de moins. Notre grand Milton dit avec raison que *le faste
superflu d'une Monarchie suffiroit communément aux dépenses nécessaires d'une République.*

terent ceux qui ne purent se faire jour
jusqu'au trône. Ainsi le Souverain, source unique des graces, éclipsa la société
& la divisa pour régner; la nation rédui-
te au néant, & devenue par son impru-
dence incapable de veiller à sa propre
sûreté, de résister au mal qu'on pouvoit
lui faire, ou de récompenser les services
qu'on lui rendoit, fut oubliée, négligée,
méconnue par ses enfans; il n'y eut dans
chaque contrée qu'un être unique & cen-
tral, qui allumât toutes les passions, qui les
mît en jeu pour son avantage personnel,
& qui récompensât ceux qui lui parurent
les plus utiles à ses vues. La volonté du
Monarque prit la place de la raison ; son
caprice devint la loi, sa faveur fut la me-
sure de l'estime, de l'honneur, de la con-
sidération publique; il créa le juste & l'injuste; le vol cessa d'être un crime aussitôt
qu'il l'eut permis; l'oppression fut légitime
dès qu'elle se fit en son nom ; l'impôt
n'eut pour objet que de fournir à ses folles
dépenses & d'assouvir la voracité de ses
Courtisans insatiables. La propriété fut
envahie par un maître qui prétendit que
tout étoit à lui. La liberté fut pro-
scrite parce qu'elle gêna sa licence ; les
sujets se persuaderent bientôt que ce qui
étoit autorisé par leurs Souverains étoit

décent & louable ; les idées de l'équité
s'éteignirent dans toutes les ames ; les citoyens applaudirent à leur propre ruine.
En fervant le Souverain on crut fervir la
Patrie ; le guerrier crut être utile à fon
pays en le tenant fous le joug & en le for-
çant de plier fous les caprices de fon maître ; (*kk*) le concuffionnaire fe prétendit
un homme très-néceffaire ; le juge en ren-
dant des arrêts dictés par le crédit, ne fut
point déshonoré ; le Repréfentant de fa
nation la vendit pour de l'argent & traffi-
qua de fa propriété.   Le Miniftre fut efti-
mé en raifon des moyens qu'il trouva d'é-
tendre les prérogatives du Prince & les
miferes de l'Etat.

C'eft ainfi que les Souverains divinifés
par la Religion & corrompus par fes Prêtres, corrompirent à leur tour les cœurs de
tous leurs fujets, les diviferent d'intérêts,
anéantirent les rapports qui fubfiftoient entre eux, les rendirent ennemis les uns des

(*kk*) C'eft avec grande raifon que nos zélés patriotes fe
font fortement élevés contre les armées perpétuelles (*ftan-
ding armies*).   Les foldats font partout les ennemis de
leur patrie & les fatellites des Tyrans , qui les préferent
aux autres parce qu'ils les aident à les fubjuguer. Dans
les pays defpotiques , où le gouvernement eft militaire ,
les gens de guerre font les hommes les plus diftingués de
l'Etat, & la nobleffe eft pour les Princes une pépiniere
d'Efclaves , prêts à tout entreprendre pour lui.   Il ne peut
y avoir de citoyens vraiment nobles que dans un Pays libre.

autres, & détruifirent la morale pour eux.
Après avoir excité dans toutes les ames
une foif ardente, que feuls ils purent appaifer, les chefs des nations réferverent le
bien-être, l'opulence, la grandeur & les
plaifirs pour ceux qui fçurent trouver gra-
ce à leurs yeux; on ne leur plut qu'en fervant leurs paffions, en flattant tous leurs
vices, en faifant plier la fociété fous leurs
volontés déréglées. Dès-lors la juftice ne
fut faite que pour le miférable; les grands,
les favoris, les riches, les heureux furent
difpenfés de fes rigueurs; tout le monde
foupira pour le rang, le pouvoir, les titres, les dignités, les emplois; toutes les
voies qui les procurerent furent réputées
légitimes & honnêtes; chacun voulut fe
fouftraire à la force pour l'exercer fur les
autres; chacun voulut acquérir les moyens
d'être méchant fans péril. De cette maniere
les citoyens par-tout fe font partagés en
deux claffes; l'une beaucoup moins nom-
breufe, opprima; l'autre, compofée de
la multitude, fut opprimée; l'infolence,
l'orgueil, le fafte, le luxe, les plaifirs furent le partage de la premiere; le travail,
le mépris, l'indigence, la faim & les larmes furent le partage de la feconde; l'une
eut le privilége de piller, d'outrager, de
vexer le malheureux; l'autre n'eut pas mê-

me le droit de se plaindre, & fut obligée
de digérer en silence les affronts les plus
sanglans. (*ll*)

Les peuples accoutumés à craindre la
Divinité tremblerent non seulement devant
les Rois, mais encore devant tous ceux
qui eurent du pouvoir. Le crédit, la grandeur ne furent plus que la faculté d'opprimer & de nuire; l'autorité tint lieu de raison & de justice; on envia bientôt ces citoyens privilégiés que leurs Monarques a-
voient mis à portée de distribuer des grâ-
ces, ou de se rendre formidables. De
même que les grands par des bassesses,
des vices & des crimes, s'étoient le plus
souvent élevés au faîte des grandeurs,
l'homme obscur les imita de loin, leur
sacrifia sa conscience, s'avilit devant eux,
se rendit le complice & le ministre de leurs
extorsions & de leurs infamies. Ainsi peu-
à-peu l'honneur, la probité, la décence
furent bannis des nations. Le Monarque
fut entouré d'une Cour déréglée, qui de
proche en proche corrompit le vulgaire; la
vertu ne fut le partage que de quelques a-
mes trop altieres pour ramper sous le vice

(*ll*) Pétrone dit avec raison: *Quoscunque homines in ur-*
be videritis scitote in duas partes esse divisos; nam aut
captantur aut captant; videbitis tanquam in pestilentia
campos, in quibus nihil aliud est nisi cadavera quæ laceran-
tur, & corvi qui lacerant.

puiffant, ou de quelques Citoyens honnêtes, dépourvus d'ambition & contens de leur fort, qui n'eurent rien à demander à la grandeur, devenue méprifable à leurs yeux, & dont d'ailleurs ils n'auroient rien obtenu. (*mm*)

Par une fuite néceffaire de la perverfité que la licence produifit dans les chefs, la politique intérieure fut ignorée ou ne fit qu'étendre les plaies des nations. La légiflation réglée par les fantaifies d'une Cour vicieufe, ne fut qu'une gêne impofée à la liberté des citoyens: la Jurifprudence fut l'art de femer entre eux la zizanie à l'aide des idées obfcures & fauffes qu'elle donna de l'équité. Les récompenfes furent le prix de l'intrigue; les peines ne fe proportionnerent qu'aux intérêts des puiffans; en un mot les loix, au lieu d'affurer le bonheur de tous, ne fervirent qu'à mettre les riches & les grands à l'abri des atteintes des pauvres & des foibles que la tyrannie voulut toujours tenir dans l'opprobre & la mifere: l'agriculture fut négligée; le cultivateur opprimé fut forcé de

(*mm*) Il eft moralement & phyfiquement impoffible que le mérite conduife à la fortune dans un pays tyrannique, vénal & corrompu. Le mérite y devient une caufe d'exclufion. La vertu éleve l'ame, elle ne fçait ni ramper, ni acheter le crédit, ni flatter le vice & l'incapacité.

renoncer à son travail, les Provinces furent
dépeuplées, le commerce reçut des entraves de la part d'un gouvernement avide ;
enfin le despotisme, au lieu de chercher à
contenter les peuples & à conserver les
mœurs, fut dans une défiance continuelle
de ses propres sujets ; il remplit ses Etats
de délateurs, de sycophantes, de traîtres,
occupés à calmer les inquiétudes des Souverains, des Ministres & des Grands,
qui eurent la conscience de la haine &
des murmures que leur conduite devoit
exciter.

La politique extérieure ne fut pas moins
déraisonnable ; les Princes injustes envers
leurs sujets ne le furent pas moins entre
eux : ils furent perpétuellement jaloux
de leurs avantages réciproques ; les nations se virent continuellement en guerre
pour des querelles qui ne les intéresse-
rent nullement ; elles parurent n'être pla-
cées sur la terre que pour leur destruction
mutuelle ; on vit partout & sans inter-
ruption des combats furieux entre des
peuples, ennemis sans savoir pourquoi ;
ils périrent successivement des coups qu'ils
se porterent, & des plaies inutiles que
leur firent le caprice & l'ambition de
leurs chefs inquiets, orgueilleux & re-
muans.

muans. Les nations firent confifter leur
puiffance & leur grandeur à mettre de grandes richeffes dans les mains des Souverains,
afin de leur fournir les moyens de les corrompre & de les affervir elles-mêmes.

Que la race humaine ceffe donc de chercher dans les fautes de fes peres la caufe de
la dépravation des mœurs & des calamités
répandues dans le monde ; l'erreur facrée
eft cette faute radicale qui entraîna la corruption, & qui ouvrit la porte aux maux
du genre humain; c'eft la fcience de Dieu
qui fut pour lui le *fruit défendu* ; c'eft
pour avoir voulu le goûter qu'il s'eft per-
du. C'eft pour avoir formé la Divinité fur
le modele des plus méchans des hommes,
c'eft pour avoir cru que les Rois étoient
fes images, c'eft pour avoir donné à ces
Rois un pouvoir illimité, comme le fien;
c'eft pour les avoir laiffés les maîtres abfolus
des volontés & des paffions des peuples,
que les mœurs & la félicité font difparues
de la terre. Ces Souverains divinifés ont
rempli les fociétés de traîtres, d'ambitieux,
d'avares, d'envieux, de jaloux, d'ennemis
de leur Patrie, fur qui ni la raifon ni la
morale ne peuvent rien , parce que tout
les force d'être méchans, ou de renoncer
aux chofes dans lesquelles le préjugé leur

K

apprend à placer leur bonheur. Telles furent les suites de l'Erreur qui perſuada aux mortels que les Dieux étoient des Rois, & que les Rois étoient des Dieux dont jamais les nations n'avoient droit de contredire les volontés ou de limiter le pouvoir. Les Princes ſont par-tout les maîtres des mœurs & de la félicité de leurs ſujets ; les mœurs des uns & des autres ne ſeront honnêtes & les Etats heureux & floriſſans que lorſque les volontés des chefs ſeront forcées de ſe conformer aux loix invariables de la nature, de l'équité, de la raiſon, & non aux modeles déraiſonnables que l'ignorance & l'impoſture ont placés dans les Cieux.

Les Souverains tiennent leur pouvoir ou de Dieu ou des hommes : s'ils le tiennent de Dieu, il doit être abſolu, ou du moins les Prêtres ſeuls ſont en droit de le limiter ; ſi leur pouvoir eſt abſolu, il doit néceſſairement leur corrompre & le cœur & l'eſprit ; des intérêts aveugles étant ſouvent les ſeuls mobiles des actions humaines, quels motifs de bien faire peuvent avoir des êtres indépendans, qui n'ont rien à eſpérer ou à craindre de la part des hommes, qui mépriſent leurs jugemens & ſont inſenſibles à leur affection, qui n'ont

acquis ni le goût ni l'habitude de la vertu ?
Si les Rois tiennent leur pouvoir des hommes, ils n'en jouiffent qu'à condition de
les rendre heureux ; manquent-ils à leurs
engagemens, les hommes ne peuvent être
tenus de remplir les leurs.

Toutes les erreurs fe touchent, elles
naiffent les unes des autres ; & fi nous re-
montons à leur fource, nous les verrons
toujours fortir des préjugés religieux dont
le genre humain eft infecté ; c'eft de la fuperftition que fortent tous nos préjugés
politiques. Trompés une fois dans nos
idées fur les Dieux & fur les Souverains
qui les repréfentent, tout le fyftême de
nos opinions n'eft plus qu'une longue chaî-
ne de préjugés. En effet fur quoi fe fondent nos fentimens d'admiration, de res-
pect & d'affection pour le rang, la grandeur, la naiffance, les titres & les honneurs, en un mot pour toutes les diftinctions que le Gouvernement n'accorde
pour l'ordinaire qu'aux follicitations, aux
intrigues, aux baffeffes & aux trahifons de
quelques citoyens plus intriguans, plus
adroits ou plus méchans que les autres ?
Dans prefque tous les pays la faveur, les
préjugés & les intérêts des Cours font l'u-
nique mefure des jugemens que l'on porte

K 2

fur les hommes; on ne les eftime jamais
d'après eux-mêmes : leurs talens, leur mérite perfonnel, leurs vertus, les fervices
réels qu'ils rendent à la patrie, font comp-
tés pour rien; on ne les juge & ne les
confidere que d'après la place qu'ils occupent auprès du Monarque, d'après l'o-
pinion qu'il en a, d'après les honteux fervices qu'ils lui rendent trop fouvent.
Que de maux ne découlent pas de ces funeftes préjugés ! par eux le crédit n'eft
plus que la faculté d'être injufte impunément & d'écrafer la foiblefle innocente;
les titres, les emplois, les honneurs ne font
que des fignes impofans, qui couvrent
l'ignorance & l'incapacité , & les décorent aux yeux des peuples éblouis : enfin le hazard de la naiffance, une préten-
due noblefle dans quelques citoyens leur
tiennent lieu de talens & de vertus, les
appellent aux honneurs , leur procurent
des diftinctions, leur donnent des privile-
ges au détriment de leurs concitoyens dégradés; ainfi le préjugé & la partialité du
Prince leur conferent fouvent le pouvoir
d'être injuftes, de s'élever au deffus des
loix, les mettent en droit d'opprimer &
de méprifer leurs femblables, qui fe croient
paîtris d'un limon bien moins pur que ces

Grands altiers qu'on leur fait regarder comme des Demi - Dieux, dans les pays où régnent l'opinion & le délire. (*nn*)

Les flatteries du sacerdoce & les opinions religieuses rendirent les Souverains licentieux, & remplirent les peuples d'idées fausses dont ils ne sentirent point les conséquences : ceux - ci ne trouverent rien de grand, de respectable, d'estimable que ce que leurs Souverains leur montrerent comme tel ; ils furent à genoux devant la stupidité, l'ignorance & le vice même, lorsque leurs préjugés les leur firent respecter. Si les nations, si honteusement déprimées à leurs propres yeux, eussent été capables de recourir à la raison, elles se seroient, sans doute, apperçu que leur volonté seule pouvoit conférer la puissance souveraine ; elles auroient reconnu que ces prétendues Divinités sur

(*nn*) Dans quelques pays de l'Europe il y a autant de distance entre un Noble & un Roturier, entre un *homme de qualité* & un *bourgeois*, qu'entre un homme & un chien. En Pologne, en Allemagne, &c. les Seigneurs sont propriétaires des biens & même de la personne de leurs Vassaux. Les Courtisans & les Grands, dans les pays despotiques, sont des especes de Prêtres, qui écartent avec dédain le vulgaire profane de leur idole révérée ; de même que les Prêtres des Dieux, ils veulent qu'on leur immole la nature & la raison : tout homme obscur qui ose réclamer contre eux les droits de la justice & de l'humanité, leur paroît un insolent.

K 3

la terre devant qui elles s'étoient profternées n'étoient au fond que des hommes,
chargés par elles - mêmes de les conduire
au bonheur, qui devenoient des brigands,
des ennemis & des ufurpateurs dès qu'ils
abufoient contre elles du pouvoir qu'elles
ont dépofé dans leurs mains. La moindre réflexion n'eût - elle pas dû leur faire
fentir que c'eft pour leur bien - être &
leur propre fûreté que le gouvernement
fut inftitué ; que c'eft pour les nations
que les Rois font faits & non les nations
pour les Rois ? Les peuples ne verront-
ils jamais que ces guerres inutiles, ces
victoires fatales, achetées au prix de leur
fang & de leurs poffeffions, ne ferviront
jamais qu'à perpétuer leurs miferes, à les
épuifer, à les conduire à la ruine? N'ou-
vriront - ils jamais les yeux pour voir que
la terre eft plus grande qu'il ne faut pour
nourrir, contenir & rendre fes habitans
heureux, & que l'ambition des Princes
cherche à étendre leurs domaines, fans
jamais s'occuper du foin d'étendre le bonheur des peuples qu'ils gouvernent?
Quel bien réfulte-t-il en effet de ces guerres continuelles par lesquelles notre globe eft devenu le féjour de carnage & un
repaire de bêtes féroces occupées à fe détruire ? Ne voyons - nous pas les nations

succeſſivement effacées de la terre par les délires des Souverains qui les mettent aux priſes, & périr des plaies affreuſes qu'elles ſe font réciproquement? Quels fruits retirent-elles de ces intervalles ſi courts qui ſuffiſent à peine pour cicatriſer leurs bleſſures? Sont-elles donc bien raſſurées par ces traités inſidieux que la fraude & l'ambition ſont toujours prêtes à violer? Ne ſe laſſeront-elles jamais d'être les jouets d'une politique odieuſe, qui les ſacrifie à chaques inſtant aux futiles intérêts de quelques chefs qui jamais ne ſongerent à les rendre fortunées, & qui dépourvus de juſtice & de bonne foi font du monde entier le théâtre de leurs paſſions effrénées? Déſabuſées de leurs préjugés religieux & politiques, ne briſeront-elles jamais le charme de l'opinion, qui, bien plus encore que la force, les tient enchaînées? Ne lieront-elles point à leur tour les mains de ces Monarques redoutés pour les empêcher de leur nuire? Seront-elles toujours obligées de gémir pendant des ſiecles entiers des folies paſſageres de leurs Maîtres inſenſés ou de leurs indignes miniſtres, & s'obſtineront-elles à expier leurs fautes & appaiſer le ciel pour des forfaits auxquels leur volon-

K 4

té n'a point de part ? Enfin ne revien-
dront - elles jamais de ces préjugés avilis-
fans qui leur perfuadent que leur fang, leur
perfonne & leurs biens appartiennent à des
hommes divinifés, & que le Très - Haut
n'a fait tous les peuples de la terre que pour
contenter l'orgueil, l'ambition & le fafte
d'un petit nombre de Princes, devenus les
fléaux du refte des humains ?

Si les Souverains eux - mêmes confui-
toient la nature & leurs vrais intérêts;
s'ils fortoient de l'ivreffe où les plonge l'encens des miniftres de la fuperftition, la
raifon leur montreroit qu'ils font des hommes fubordonnés au grand tout qu'ils gouvernent, au bien - être duquel ils font intéreffés, chargés par les nations de travailler à leur bonheur & à leur fûreté,
de veiller à leurs befoins, de réunir leurs
forces; diftingués, honorés, récompenfés en vertu de ces fervices, & perdant
tous leurs droits dès qu'ils manquent à leurs
engagemens. Ils reconnoîtroient qu'ils
font les ferviteurs & les guides de ces nations, leurs Repréfentans & non les images des Dieux; ils fentiroient qu'un pouvoir établi fur le confentement des peuples, fur leur affection, fur leurs intérêts
véritables eft bien plus folide que celui qui
fe fonde fur des prétentions imaginaires.

Ils trouveroient que la vraie gloire confifte à rendre des hommes heureux; que
la vraie puiffance confifte à les réunir de
volontés & d'intérêts; que la vraie grandeur confifte, dans l'activité, les talens &
les vertus. Tout leur apprendroit que la
juftice eft une barriere qui protege également le fujet & le Prince; que cette juftice veut que les hommes foient libres fans
être licentieux; que la liberté peut feule
former des citoyens généreux; que la vérité en fait des êtres raifonnables; que l'é-
ducation fuffit pour les rendre vertueux;
que la loi doit réprimer le crime; que les
récompenfes doivent exciter les talens; &
qu'un Roi n'eft puiffant qu'à la tête d'une
nation généreufe & contente. Enfin, au
lieu de confulter les flatteurs & les Prêtres
qui les trompent, s'ils appelloient la raifon
à leur fecours, ils verroient que la Patrie
pour être chere doit procurer le bonheur
à fes membres; que la loi pour être refpec-
tée doit être utile & jufte; que l'autorité
pour être aimée doit être bienfaifante.

K 5

CHAPITRE VIII.

Des Guerres de Religion & Perfécutions.

La Superftition ne fervit jamais qu'à corrompre les Princes & en faire des Tyrans foupçonneux, qui devinrent fes défenfeurs zêlés; fes miniftres n'eurent d'autre emploi que de former aux Tyrans des efclaves, & les Tyrans en échange leur immolerent tous ceux qui refuferent de s'humilier devant eux. En effet nous voyons prefque par-tout le facerdoce, aidé de la puiffance temporelle, établir fes dogmes à coups d'épée & faire recevoir fes décifions à force de violences, de profcriptions, de carnage & de flammes.

Indépendamment des intérêts qui lient le Defpote avec fon Prêtre, nous trouvons dans la Religion elle-même le germe des fureurs qu'elle excite fi fouvent fur la terre. Tout fyftême religieux fondé fur un Dieu fi jaloux de fes droits qu'il s'offenfe des actions & des penfées des hommes, un Dieu vindicatif & qui veut qu'on

défende sa cause, une telle Religion, dis-
je, doit rendre ses sectateurs inquiets, tur-
bulens, inhumains, méchans par principes
& implacables par devoir. Elle doit porter le trouble sur la terre toujours rem-
plie de spéculateurs dont les idées sur la
Divinité ne s'accorderont jamais ; elle doit
appeller les peuples au combat toutes les
fois qu'on leur dira que l'intérêt du ciel
l'exige. Mais Dieu ne parle jamais aux
mortels que par des interpretes, & ceux-
ci ne le font parler que suivant leurs propres intérêts, & ces intérêts sont toujours
très-opposés à ceux de la société. Le vulgaire imbécille ne distinguera jamais son
Prêtre de son Dieu ; dupe de sa confiance aveugle il n'examinera point ses ordres, il marchera tête baissée contre ses
ennemis, & sans s'informer jamais du su-
jet de la querelle (qu'il seroit d'ailleurs
incapable d'entendre) il égorgera sans scru-
pule ou s'exposera à mourir pour la dé-
fense d'une cause dont il n'est point instruit. Sa fureur se proportionnera néanmoins à la grandeur du Dieu qu'il croit
intéressé dans la querelle ; & comme il
sait que ce Dieu est tout-puissant & que
tout lui est permis, il ne mettra point de
bornes à sa propre haine, à sa férocité ; il
les regardera comme des effets légitimes

du zêle que fon Dieu doit exciter dans fes adorateurs.

Voilà pourquoi les guerres de Religion font les plus cruelles de toutes. Auffitôt que l'on fait fonner le nom de la Religion dans l'oreille des peuples, une terreur fombre s'empare des efprits, des inquiétudes vagues les agitent; on écoute le Prêtre ou l'Infpiré dans un morne filence; la crainte eft de toutes les paffions la plus contagieufe; celle des Dieux n'ayant point d'objet pour fe fixer va toujours en augmentant, chacun tremble, fans en favoir la caufe; chacun redouble les craintes de fon voifin & multiplie les fiennes propres, l'inquiétude & la confternation fe répandent fur tous les vifages, & tandis que le prophête parle à l'imagination, le fanatique aiguife déjà fon glaive ou fon couteau.

Si à ces difpofitions fe joignent encore des malheurs publics, des mécontentemens, des calamités, c'eft alors que le peuple avale à longs traits le poifon du fanatifme; au fortir des leçons de fon Prêtre il va détruire fans examen les objets de fon courroux & de fes déclamations. Dans une nation fuperftitieufe le facerdoce eft toujours maître de troubler le repos de l'Etat, & d'exciter les paffions du peuple contre les prétendus ennemis de fon Dieu. Les Souverains

dont les sujets font malheureux doivent
trembler toutes les fois qu'un Prêtre fanatique monte dans la tribune aux harangues.
Il peut de - là ébranler leurs trônes & donner à leurs sujets le signal de la rebellion.

Dans les guerres politiques l'intérêt dont
les combattans font animés est bien plus foible à leurs yeux que dans les guerres religieufes ; dans celles-ci chaque foldat fe persuade qu'il est personnellement intéressé dans
la querelle ; il fe croit le vengeur de son
Dieu, fous les yeux duquel il s'imagine
combattre ; il voit ce Dieu prêt à le punir
s'il montroit de la molesse, ou s'il ne se
battoit point avec l'ardeur qu'il doit au
Souverain céleste de qui dépend son éternelle félicité. Enivré de ces puissans motifs, le pere méconnoît son fils, celui-ci
méconnoît l'auteur de ses jours ; le frere
égorge son frere, le citoyen son voisin;
tout combattant devient pour l'autre un
ennemi personnel ; chacun croit mériter
la rémission de ses crimes & fe rendre
digne des récompenses éternelles à pro-
portion qu'il fe montre plus cruel. Il a
la folie de fe persuader qu'il lave ses péchés dans son propre fang & dans celui
des autres : le meurtre, la trahison, la
fraude, la violation des droits de la natu-

re fe changent en vertus à fes yeux; les actions les plus noires lui femblent légitimes contre des victimes dévouées à la vengeance célefte; il ceffe de regarder fes femblables comme des hommes, il fuppofe que leur révolte contre le ciel les a transformés en des bêtes, à qui il ne doit plus rien & fur qui il peut exercer la cruauté la plus étudiée. En un mot toute ame en qui le fanatifme religieux n'a point éteint les fentimens de l'humanité, eft brûlée d'indignation & déchirée de pitié à la vue des barbaries, des perfidies & des tourmens recherchés que la fureur religieufe a fait inventer aux hommes; leur cruauté devint ingénieufe toutes les fois qu'il fut queftion de leur Dieu. La Religion qui fe vantoit d'apporter la paix à la terre a fait éclore elle-même dans le fein des nations des noirceurs & des atrocités plus dignes des Cannibales & des Antropophages que des fectateurs d'un Dieu clément & miféricordieux.

Nous avons vu que les autels de prefque toutes les Divinités du monde ont été arrofés du fang humain; mais ce fang ne fut point toujours répandu dans des temples; les Miniftres d'un Dieu, qui s'appelle à la fois *le Dieu des vengeances & des miféricor-*

des, ont pendant des siecles entiers couvert en son nom la face de la terre de carnage & d'horreurs ; des Royaumes vastes furent leurs autels, les Rois & les peuples se sont chargés du soin d'égorger les victimes pour eux. La Religion moderne, qui se vante d'être l'appui de la politique & de la morale, a couté plus de sang aux habitans du monde que celles qui ordonnoient formellement les sacrifices les plus révoltans. Jusqu'à nos jours les Prêtres du *Dieu de paix*, les Ministres d'une Religion dont on vante la pureté, lorsqu'ils en ont le pouvoir, perpétuent chez quelques peuples des holocaustes ou des sacrifices humains qui ne le cedent en rien pour la cruauté à ceux que des Prêtres barbares offroient chez les Mexicains à leurs Dieux abominables. (*oo*) Lorsqu'ils ne jouissent point du droit de

(*oo*) Le célebre Torquemada, Inquisiteur d'Espagne, se vantoit d'avoir fait périr par le fer & par le feu plus de 50000. Hérétiques. Le massacre de la Saint-Barthélémy en fit périr autant dans la seule ville de Paris. Le massacre d'Irlande couta la vie à cent cinquante mille Protestans. Dans la croisade contre les Albigeois on brûla les habitans de plusieurs Villes entieres. On ne peut lire sans frémir les cruautés exercées par ordre des Princes & du Clergé contre les Vaudois, les Anabatistes, les Protestans de France, de Savoye, de Hongrie. Les Prêtres sont évidemment les plus absurdes & les plus méchans des hommes ; c'est à force de supplices qu'ils veulent faire aimer la Religion, ou plutôt leur maxime est la même que celle d'un Tyran ; *ODERINT DUM METUANT*.

fe venger par eux-mêmes, ils ne laiffent
pas de fouffler le feu de la difcorde, & d'a-
nimer pour leurs querelles les peuples & les
citoyens à leur deftruction réciproque. Un
Dieu fanguinaire ne peut avoir des ministres bien doux : un Dieu jaloux ne peut
avoir des fujets pacifiques & tranquiles.
Dès qu'il s'agit de la Religion, tous les
liens du fang, de la morale, de la politique doivent être rompus par celui qui fe
perfuade qne cette Religion eft plus importante que la patrie, que la famille,
que la vertu. Un fuperftitieux, conféquent à fes principes, ne doit voir que
le ciel, il doit fouler aux pieds fon pere, fa mere, fes parens, fes amis, fes
concitoyens, pour fe faire un chemin
vers les récompenfes, qui ne feront le
prix que des facrifices qu'il confentira de
faire à ce Dieu ; tout homme qui lui eft
fincérement attaché ne peut fe difpenfer
de fentir & de montrer la plus forte antipathie contre quiconque lui paroîtra l'ennemi
de fa Religion, la caufe de la colere divine, un obftacle à la gloire de fon Monarque
célefte ; s'il en a le pouvoir il doit immoler fans héfifter tous ceux qui s'oppofent
aux progrès de fon régne ; ce Monarque
ne doit avoir aucun concurrent fur la terre,

re, il ne souffre point que le cœur se partage entre lui & ses créatures.

D'où l'on voit que dans une nation dévouée à la superstition l'Interprete des volontés du Très-Haut doit être l'arbitre du sort de l'Etat, le maître absolu de la vie du Souverain & des sujets. Il lui suffit de crier à l'*impie* pour faire égorger tout Prince qui lui déplaît ou tout mortel qui résiste à ses décisions sacrées. Le superstitieux ira-t-il examiner ses ordres? non, sans doute; il lui suffit de savoir que son Prêtre parle au nom du ciel dont les décrets impénétrables ne sont point faits pour être examinés; l'Etat dût-il périr, il faut qu'il détruise tous ceux que la vengeance divine voudra lui désigner; il faut que, sur l'ordre de son Dieu il devienne sourd aux cris de la nature, insensible à la pitié, indifférent sur le bonheur de sa patrie, & prêt à troubler son repos pour expier ses propres fautes.

Ne soyons donc point surpris, si nous voyons la Religion armer si souvent les mains des hommes & les rendre inhumains par piété. La superstition l'emporta toujours sur la politique, la morale & la raison; ses terreurs étoufferent la nature, briserent les nœuds les plus sacrés & mé-

L.

tamorphoferent l'homme en un tigre affamé de carnage.

Pour fe convaincre que nous n'avons point exagéré le tableau des effets perni- cieux de la fuperftition & des ravages qu'elle a caufés dans les nations, que l'on jette les yeux fur nos annales facrées : nous y voyons un peuple choifi par fon Dieu pour être le fléau, l'exterminateur de fes voifins, l'ufurpateur de leurs poffeffions, le perturbateur de leur repos. Confultons nos propres annales ; ne verrons-nous pas durant une longue fuite de fiecles notre Eu- rope engraiffée du fang des adorateurs d'un même Dieu ? Nous trouverons l'Allemagne & l'Italie couvertes des cadavres de ceux qui ont péri dans les querelles du Sacerdo- ce & de l'Empire. Nous verrons que c'eft l'ambition pontificale & la frénéfie reli- gieufe qui firent entreprendre ces Croifa- des extravagantes, qui, fous prétexte de recouvrer la Terre-Sainte, armerent des Brigands Chrétiens, perfuadés par des Saints qu'ils laveroient dans le fang des In- fideles leurs horribles forfaits. Nous ver- rons des millions d'hommes affurés d'acqué- rir par-là la rémiffion de leurs crimes, fe livrer fans pudeur aux plus affreux excés. Par une fuite de ce délire nous verrons l'Europe entiere dépeuplée par des Souve-

rains infenfés, injuftes, ufurpateurs, qui
tranfporterent leurs fujets en Afie, où ils
trouverent le tombeau que la folie leur
avoit creufé. Par-tout nous trouverons les
traces enfanglantées de la férocité religieufe. Nous verrons la France déchirée par
d'affreufes guerres civiles; fa capitale dans
une nuit inondée du fang de cinquante
mille Citoyens; deux de fes Rois fucceffi-
vement égorgés par le couteau de la Religion. Nous verrons dans notre Patrie un
Roi, enivré par la Religion de fes fauffes
prérogatives, monter fur l'échaffaut & devenir la victime mémorable de fon entête-
ment pour d'indignes préjugés. Nous
verrons la Tyrannie couverte du manteau
de la Religion ordonner la perfécution
chez le Batave, & l'obliger de combattre
contre fon odieux Tyran. C'eft la Religion, qui fervant de voile à l'avarice, al-
la chercher des victimes dans un nouveau
monde. Les nations de l'Amérique écra-
fées, tourmentées, affervies par les difciples du Dieu de paix, eurent fans doute
lieu de regretter longtems les Dieux cruels
de leurs Ancêtres.

En un mot c'eft la Religion qui depuis
tant de fiecles eft prefque feule en poffef-
fion de faire maffacrer les Rois, de foule-

ver & de divifer les fujets , de rompre
l'union des fociétés, de leur donner le fi-
gnal de la guerre , de les lier ou les fépa-
rer d'intérêts, de faire éclore par - tout des
extravagances & des fureurs , inconnues
dans l'antiquité à des peuples qui permet-
toient à chacun de fuivre paifiblement le
culte de fes peres. Ces peuples que l'on
nous peint comme des aveugles, ne fe
font point arrogé le droit affreux de tyrannifer la penfée ; ils ne trouverent pas à
chaque inftant, comme nous, des motifs
renaiffans pour fe haïr & pour s'exterminer ; ce fut à des nations qui fe prétendent
les plus favorifées du ciel & inftruites par
la Divinité même , qu'il étoit réfervé de
fubtilifer fur la Religion , d'inventer des
moyens ingénieux pour mettre les efprits
à la torture, & de porter le trouble jufque
dans les confciences des hommes. *(pp)*.

(pp) L'Antiquité Payenne paroît avoir ignoré le fecret
de tourmenter les confciences. C'eft au Chriftianifme qu'il
étoit réfervé d'inventer des *fymboles* de croyance, des
profeffions de foi, des *formulaires* &c. que fous peine d'être
perfécutés l'on fit foufcrire à ceux dont la façon de penfer
étoit fufpecte aux Chefs de l'Eglife. Il eft aifé de juger
par-là fi l'Europe a beaucoup gagné en fe faifant Chrétienne.
L'on pourroit prognoftiquer avec affez de certitude, la
chute prochaine du Chriftianifme ; il ne pourra fubfifter dès
que les hommes auront affez de lumieres pour fentir qu'il
leur eft plus important d'être humains & fociables, que
d'avoir une foi bien orthodoxe. L'intolérance effentielle à
cette Religion, plus qu'à toute autre, doit néceffairement

Si la superstition permettoit de consulter la nature, la raison, l'intérêt des nations; si la Religion ne faisoit point aux
hommes un devoir de fouler aux pieds
toutes les considérations humaines, ils sen-
tiroient que l'équité, la modération, l'indulgence & la paix sont la base de toute
morale, & les soutiens de toutes les sociétés politiques; ils verroient que leurs idées
religieuses ne peuvent être les mêmes sur des
objets que chacun voit diversement; ils se
convaincroient donc que les opinions religieuses peuvent varier, mais que les devoirs de la morale, fondés sur leur propre
nature, doivent ne varier jamais. Ils re-
garderoient comme des furieux & des ennemis de leur espece ces prétendus organes
de la Divinité qui ne font servir ses loix
que pour troubler, diviser, armer les nations; ils imposeroient un silence éternel
à ces fanatiques qui prêchent la discorde,
le zéle & le carnage, & qui sous prétexte
des intérêts du ciel portent la désolation
sur la terre. Si les prestiges de la superstition n'eussent point engourdi & fasciné
l'entendement des peuples, ils ne se se-

en dégoûter les gouvernemens, dès qu'ils entreverront les
premieres lueurs de la raison, & dès qu'ils s'occuperont
de leurs intérêts les plus évidens.

L 3

roient point rendus les complices, les exécuteurs & les victimes des projets insensés
de ces Tyrans religieux & politiques qui
de tout tems ont élevé l'édifice de leur
grandeur sur les cadavres de leurs esclaves
& sur les débris des Empires. Mais aveu-
glé dès le berceau, le vulgaire fut toujours
prêt à recevoir la fureur qu'on voulut lui
inspirer de la part de ses Dieux ; on lui
avoit fait sucer avec le lait la haine la plus
forte contre tous ceux qui ne pensoient
point comme lui, qui n'adoroient pas le
même Dieu, qui ne suivoient point le même culte, ou qui en adorant le même Dieu
l'honoroient diversement. Ainsi les nations se devinrent réciproquement odieu-
ses, les sujets d'un même État, les membres d'une même société, d'un même
corps, d'une même famille, furent lés uns
pour les autres des étrangers, des ennemis, & se regarderent avec horreur. La
Religion *apporta le glaive* entre eux, &
les sépara pour toujours ; les Empires furent exposés à des fermentations continuelles ; les citoyens furent toujours prêts à se
haïr, à se tourmenter, à s'égorger au premier signal d'un Despote ou d'un Prêtre,
& chacun se fit un point d'honneur de mas-
sacrer ou de périr, de donner ou de rece-

voir la mort, pour une Religion que l'on
ne comprit jamais.

Tout homme raisonnable est consterné
& forcé de gémir en voyant combien il
en a coûté aux nations pour une foule
d'opinions, de dogmes, d'articles de foi,
de pratiques arbitraires, ridicules, bizarres que le sacerdoce voulut leur imposer.
Aux yeux du superstitieux rien de ce
qui touche sa Religion ne paroît indiffé
rent, tout est de la derniere importance,
tout intéresse son salut éternel; les moindres innovations dans la doctrine, les
moindres changemens dans le culte, les al-
térations les plus légeres dans une cérémonie, furent toujours pour les peuples des
sources intarissables de disputes, de persé-
cutions & de guerres. (qq) Il fallut des siecles de contestations & de combats avant
de pouvoir convenir sur la façon d'entendre les volontés révélées par la Divinité,

(qq) Ce fut le desir d'introduire le Surplis & la Litur-
gie Anglicane en Ecosse qui fit périr Charles I. sur un
échaffaut. Au dernier siecle il y eut de grands troubles à
Hambourg, à l'occasion de la dispute qui s'étoit élevée
entre deux Ministres, dont l'un soutenoit que dans l'Oraison
Dominicale il falloit dire *Pere Notre*, au lieu de *Notre
Pere:* toute la ville prit parti dans cette importante querelle. Les Chrétiens ont été en dispute pendant des siecles sur le tems de la célébration de la Pâque, sur des
mots, des lettres, des virgules.

sur lesquelles ses infaillibles interpretes ne
purent jamais s'accorder. Les Prêtres se
disputerent toujours, & leurs sectateurs
partagés se haïrent & se firent la guerre,
sans jamais avoir d'idées précises des objets
qui les divisoient. Il ne faut point en être
surpris. Dès qu'il s'agit de phantômes
qui n'existent que dans l'imagination, de
rêveries qui ne peuvent être uniformes,
des siecles de disputes ne peuvent rien terminer; l'éternité elle-même ne pourroit
concilier des systêmes qui ne portent que
sur des suppositions fausses, & sur des ab-
surdités enfantées par des imposteurs divi-
sés d'intérêts, ou par des cerveaux dont
les délires ne purent être les mêmes.

Il n'appartient qu'à la vérité de mettre
les hommes d'accord; l'expérience & la
raison étant pour toujours exclues des disputes théologiques, la force, l'opiniâtreté, la violence restent seules en possession
du champ de bataille, & demeurent en
droit de décider. Les plus forts, les plus
adroits, les plus obstinés finissent par subju-
guer les plus foibles, & prescrivent à tous
les opinions qu'ils ont à suivre: ceux qui
ont les Puissances pour eux prennent exclu-
sivement les titres fastueux de *fideles*, de
vrais croyans, d'*Orthodoxes*; & pour rendre

dre leurs adverſaires odieux ils leur prodiguent les noms de *blasphémateurs* , *d'impies d'hérétiques* , *d'infideles*. Ceux à qui l'on applique, ces dénominations inventées par la fureur théologique, perdent dès-lors tout droit dans la ſociété, qui ceſſe de les regarder comme des hommes; la ſuperſtition anéantit les rapports qui ſubſiſtoient entre eux & leurs concitoyens. Le ſacerdoce déclara ſouvent que les Fideles ne devoient ni juſtice, ni bonne foi, ni indulgence, ni pitié à des êtres qui s'étoient révoltés contre ſes déciſions (*rr*)

(*rr*) C'eſt une maxime établie à la Cour de Rome que l'on ne doit point garder les engagemens pris avec des hérétiques ; d'où il ſuit que jamais une nation Proteſtante ne peut faire un traité ſolide avec un Prince Catholique.

F I N   D U   T O M E   I.

M

www.ingramcontent.com/pod-product-compliance
Lightning Source LLC
Chambersburg PA
CBHW072034080426
42733CB00010B/1891